LOGIC OF
SHEN ZHEN

深圳逻辑

刘国宏　著

深圳崛起，
是必然还是偶然？

SPM 南方传媒
全国优秀出版社
全国百佳图书出版单位
广东教育出版社
·广州·

图书在版编目（CIP）数据

深圳逻辑 / 刘国宏著. -- 广州 : 广东教育出版社, 2025. 8（2025.9重印）. -- ISBN 978-7-5548-7311-3

Ⅰ. D619.653

中国国家版本馆CIP数据核字第2025VL7751号

深圳逻辑

Shenzhen Luoji

出 版 人：朱文清

出版统筹：卞晓琰

责任编辑：易　意　周　晶　黄　智

责任技编：杨启承

装帧设计：张贤良　肖晓文

内文设计：友间文化

责任校对：陈妙仪

出版发行：广东教育出版社

（广州市环市东路472号12—15楼　邮政编码：510075）

销售热线：020-87772438

网　　址：http://www.gjs.cn

邮　　箱：gjs-quality@nfcb.com.cn

经　　销：广东新华发行集团股份有限公司

印　　刷：广东广州日报传媒股份有限公司印务分公司

（广州市白云区增槎路1113号）

规　　格：787 mm × 1092 mm　1/16

印　　张：17

字　　数：210千

版　　次：2025年8月第1版

2025年9月第2次印刷

定　　价：78.00元

推荐序

深圳的崛起是中国改革开放伟大实践的一个精彩缩影。人们回顾这段历程时常常会发问，深圳的成功是偶然，还是必然？而对这个问题的回答不仅关乎对深圳历史的总结，更关乎对未来发展的思考。这个问题也就自然成为智库学者的研究课题，刘国宏博士现在呈现给读者的这本专著，就是对这一问题的分析。

2009年，我在《中国经济特区研究：昨天和明天的理论与实践》中提道："经济特区仍在实践当中，仍是一个不断拓展中的历史进程。中国的改革与发展还远没有结束，我们相信，特区的历史使命，也还远未结束。"今天看来，这一判断依然成立。中国经济特区，自身发展得快，发展得好，为全国，以至世界上的一些国家，提供了可复制、可推广的改革经验与发展模式。深圳作为其中的佼佼者，其成功绝非偶然，而是制度创新、市场活力、开放包容与务实奋斗共同作用的结果。

刘国宏博士长期扎根深圳，专注智库研究，他从深圳发展的成效出发，通过深圳的今昔对比，以及与其他经济特区、一线城市乃至“亚洲四小龙”的比较分析，结合深圳在过往开发建设中的生动实践案例，挖掘深圳崛起的核心逻辑，并探讨了深圳未来的发展方向。这种比较研究和案例剖析的价值就是，有助于澄清一些似是而非的关于深圳发展经验的观点，帮助人们思考和重新认识深圳发展的决策、做法与路径。更重要的是，本书不是简单地回顾历史，不是简单地展示成绩，不是简单地论证意义，而是为下一阶段的中国经济特区实践、国内其他地区的发展提供有意义的启示与借鉴。

当前，国际环境充满了不确定性，国内经济也处于动能转换和转型升级的关键时期。在这样的背景下，我们更需要坚定信心，做好自己的事情，做正确的事情。深圳的经验表明，唯有坚持市场化改革，扩大开放，鼓励创新，激发人们的积极性，才能在全球经济竞争和周期跨越中占据更大的主动。在这个过程中，深圳和中国其他经济特区、其他一些蓬勃发展的城市，一定会作出新的贡献！

樊纲

中国经济体制改革研究会副会长、中国（深圳）综合开发研究院院长

2025年6月2日

目 录 CONTENTS

深圳逻辑

前　言

虽说深圳是一个仅有45年历史的新兴城市，但关于深圳的著作可以说是不可胜数。有的着重文献史料记录，有的搭建理论框架分析，有的解答深圳奇迹之谜，有的展现深圳调研成果，有的回顾某段时期的实践，有的编撰报告文学，等等。对一些问题也已有了深刻的分析，例如：深圳经济特区的建立是自发试验，还是诱发试验？经济特区在改革开放初期有意义，还是在改革开放全过程都有意义？经济特区对中国发展有意义，对其他国家是否也有意义？

本书不赘述深圳经济特区是如何决策设立的，也不论证深圳经济特区"特"的意义何在，而基于深圳实现奇迹般崛起的事实，重点研究分析45年来它到底做对了什么才有了如此惊艳的表现，为什么是它"给点阳光就一直灿烂"。也许，特殊的时刻、区位和人对不同的城市发展没有普适性，特殊的政策、口号和宣传虽比较容易复制，但盲目模仿往往效果不佳，甚至可能是有害的，唯有想事干事的内在机理和方式方法值得关注、思考和借鉴学习。

本书的第一章、第二章重点展现的是何为"深圳奇迹"。仅仅40余年时间，深圳便从一个一穷二白的小镇发展成为光彩夺目的国际化大都市，在20世纪80年代同为经济特区的四个城市加上一个海南省中异军突起，跻身当前中国的四大一线城市行列，其发展奇迹即便与“亚洲四小龙”相比，也有过之而无不及。习近平总书记在深圳经济特区建立40周年庆祝大会上的讲话说：“看似寻常最奇崛，成如容易却艰辛。深圳等经济特区一路走来，每一步都不是轻而易举的，每一步都付出了艰辛努力。”①正是这些辉煌成绩来之不易，更加彰显其背后的经验弥足珍贵。

第三章至第十章力图讨论的是为何出现“深圳奇迹”，主要有八条想事干事逻辑：一是创造性贯彻落实党中央决策部署，激活逢山开路、遇水架桥的主动性和敢闯敢试、敢为人先的创造性。二是以开放促改革促发展，高效对接“两个市场、两种资源”，冲破思想观念障碍，突破利益固化藩篱。三是坚持市场取向的制度改革，释放制度改革红利，培育市场配置资源和激励创新强大力量。四是用好国资国企，服务城市战略，发挥基础性、公共性、先导性作用。五是坚持以企业为主体、市场为导向的开放创新，促进从引进技术到微创新、小创新、大创新的转变与跃迁。六是尊重人民主体地位和发挥群众首创精神，汇聚磅礴发展力量。七是坚持立法先行，依法治市，维护生机勃勃且井然有序的经济社会变革发展。八是坚持加强和完善党的领导，确保特区事业始终沿着正确方向砥砺前行。

第十一章至第十二章思考的是如何再造“深圳奇迹”。以上八条

① 习近平总书记在深圳经济特区建立40周年庆祝大会上的讲话[N]. 人民日报，2020-10-15（2）.

想事干事逻辑的最终指向就是，探索践行中国特色社会主义市场经济，把深圳建成中国特色社会主义先行示范区，因此接下来的首要任务是发展高水平的市场经济，坚持开放与改革，建设有为有不为的政府和有效有深度的市场；40余年的发展已使深圳从“跟跑并跑”迈向“并跑领跑”，这时的深圳不能再“老瓶装新酒”，而是要建设更加包容的文化和环境，集聚更加多样的人才与企业，让创新持续激荡，让城市生生不息。

最后需要说明的是，本书的终极叩问并非“深圳为何成功”，而是“持续成功的行动密码如何照亮更多的可能”。当我们将深圳40余年的奋斗逻辑淬炼为普适的方法论，这座城市的发展奇迹便不再是一个“孤本”，它将成为一把“钥匙”，为自身仍在延续的传奇，以及所有渴望“让阳光化为灿烂”的地方，打开属于光明未来的韧性生长之门。

何为“深圳奇迹”？

深圳经济特区45年来的发展，展现了一段波澜壮阔的探索历程，焕发了蓬勃向上的强大力量，完成了高强度、大跨度的城市化进程，催生了沧海桑田的历史巨变。它使深圳由一个默默无闻的边陲小镇变成了光彩夺目的国际化大都市，创造了世界工业化、城市化和现代化发展史上的奇迹。在一定程度上可以说，深圳是我国改革开放以来实现历史性变革、取得伟大成就的精彩缩影，是证明中国特色社会主义具有强大生命力的生动例子。

第一节
45年里深圳发生了什么？

1980年深圳经济特区建立时，全市的地区生产总值（GDP）不到3亿元，常住人口仅33万，财政一般公共预算收入1700万元。很多人戏称当时的深圳仅有“一条街道”“一盏红绿灯”“一个小公园”。当时谁会想到，这么一个普普通通的边陲小镇，正在迎来天翻地覆的变化?！事实上也确实如此，重大变化每天都在发生，一直到今天，我们还经常会听到有外地人来深圳后说，“哎呀呀，每一次来都发现深圳又不一样了”。

从经济发展角度看——

现在我们提到深圳的第一感觉就是，这是个一线城市，经济体量很大，经济密度很高，高科技和新兴产业发达，然而40多年前，深圳可完全不是这个样子。1979年深圳GDP仅有1.96亿元，到2024年达到3.68万亿元（如图1.1），年均增速高达19.6%，占广东全省GDP比重由1979年的0.94%增加到2024年的26.0%，占全国GDP比重由1979年的0.048%增加到2024年的2.73%。2024年深圳市政府一般公共预算收入

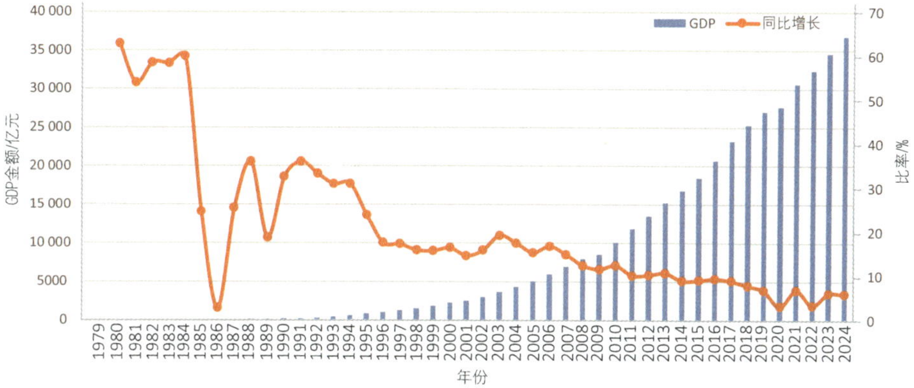

■ 图1.1　1979—2024年深圳GDP及其年度增速
（数据来源：深圳统计年鉴）

4112.78亿元，已是1979年的2098倍。深圳在经济高速增长的同时，产业结构实现了从工业化到服务化的演化，深圳证券交易所（简称“深交所”）、中国国际高新技术成果交易会（简称“高交会”）等代表深圳城市形象、影响全国全球市场的重大平台应时而生，形成了高新技术产业、现代物流业、金融服务业、文化产业四大支柱产业，并推动当前的战略性新兴产业和未来产业的快速发展。深圳三次产业结构已从1980年28.9∶26.0∶45.1，到2000年的0.7∶50.0∶49.3，再到2024年的0.1∶37.8∶62.1（如图1.2）。在2024年全球化与世界城市（GaWC）研究网络组织编制的全球城市分级排名中，深圳已跻身世界一线城市行列。在2024年科尔尼《全球城市指数报告》中，深圳全球排名第68位。在英国智库Z/Yen集团与中国（深圳）综合开发研究院2025年3月共同发布的第37期全球金融中心指数（GFCI）中，深圳全球排名第9位。

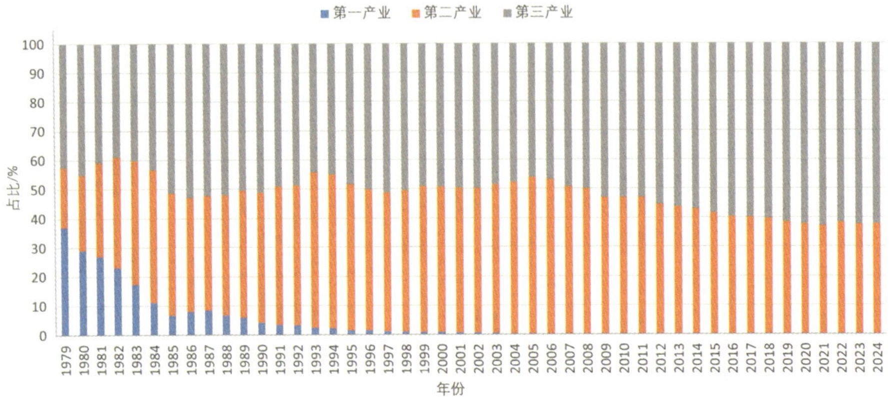

图1.2　1979—2024年深圳三次产业结构变化
（数据来源：深圳统计年鉴）

从创新发展角度看——

深圳经济特区建立45年来，涌现出“排浪式”的各类创新，不断给全国人民带来惊奇和惊喜，从市场创新到产品创新、模式创新、组织创新、技术创新，从在海内外市场“跑马圈地”，到攻克西方国家对我国的“卡脖子”技术，到“鲲鹏”“昇腾”“鸿蒙”等高科技软硬件生态化集聚发展，一批批创新型企业和组织在这里萌芽破土，茁壮成长。截至2024年底，深圳商事主体数量440.4万户，商事主体总量和创业密度稳居全国城市首位。深圳正是得益于广泛而持续的创新创业，吸纳和集聚了全球创新创业资源，涌现出华为、中兴、腾讯、迈瑞、大疆、比亚迪等一批具有全球竞争力和影响力的跨国企业。2024年，深圳国家高新技术企业数量突破2.5万家；国内专利授权量24.19万件；PCT（专利合作条约）国际专利申请16 347件，连续21年居全国城市首位。值得一提的是，2024年PCT国际专利申请全球50强榜单中，中国有15家企业，其中深圳就有6家企业，分别是华为（第1位）、中兴（第11位）、腾讯（第24位）、荣耀（第31位）、中国科学院深圳先进技术研究院（第34位）、华为云计算（第47位）。同年，平安、华为、腾讯、比亚迪、招商银行、万科、深投控、顺丰、中国电子和立讯精密共10家深圳企业入围了《财富》杂志的世界500强名单。

从对外开放角度看——

深圳从一个开放窗口、前沿阵地，发展成为全国对外贸易的重要通道和基地、高水平利用外资和对外投资的门户城市（如图1.3）。2024年，深圳外贸进出口总额达到4.50万亿元，跃居全国城市之首，其中出口额2.81万亿元，连续32年居国内各大城市首位；深圳在电商平台亚马

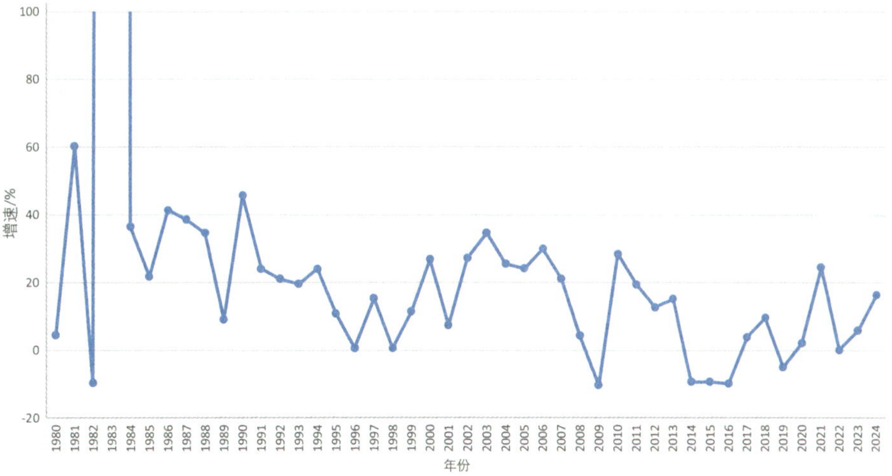

■ 图1.3　1980—2024年深圳外贸进出口总额同比增速

（注：1983年深圳外贸进出口总额与上年同比暴涨3003.5%。为使得此异常点不干预其他年度的数据显示，以上图片纵轴设置坐标区间为最高100%。

数据来源：深圳统计年鉴、统计公报）

逊上的卖家数量为10.26万名，位居全球第一，远远超过了其他城市。同年，深圳新设外资企业9738家，占全国的16.5%；企业境外投资备案项目数量达到1134个，中方投资额达到118.5亿美元，分别增长19%和9%；出入境人次增长45.6%，占全国39.3%。仅仅45年时间，深圳吸引全球关注的便不再是特殊的政策、廉价的劳工、世界的工厂，而是科技创新、数字金融、跨境电商等引领世界、联动全球的新兴事物。2010年国务院批复的《前海深港现代服务业合作区总体发展规划》、2023年国务院印发的《河套深港科技创新合作区深圳园区发展规划》，预示着前海深港现代服务业合作区、河套深港科技创新合作区开发建设成为国家新时期扩大开放战略的重要内容。

从城市建设角度看——

深圳从1992年开始全面推动农村城市化，以政策引导将原特区内农村集体土地逐步国有化，并将农民身份转变为城市居民。2004年进一步完成了原特区外的宝安、龙岗两区的城市化，撤销所有镇建制，全面实现农村向城市的转型。深圳经济特区设立以及快速的城市化，使“沧海桑田”这一词语所特指的历史巨变在深圳变得肉眼可见。笔者的一个同事曾说，他20世纪90年代末在南山区买了“海景房”，但之后是大片大片的填海造陆，“海景房”如今早已离海数千米之远了。至2024年，深圳建成区面积已超过了900平方千米，一批摩天大厦拔地而起，深圳成为国内首个拥有200米以上的摩天大厦数量破百的城市（如表1.1）。截至2024年底，深圳地铁运营线路长度595.1千米，单日最高客运量1188.5万人次，客流强度稳居全国首位；深圳港集装箱吞吐量3339.9万标箱，深圳机场旅客吞吐量6147.7万人次，均创下了历史新高；建成和开放公园数量已达1320个，从仅有“一个公园”的小镇发展成为名副其实的“千园之城”。

表1.1 全球摩天大厦数量排名前20城市（截至2025年3月底）

序号	城市	国家	超150米高大厦数量/个	超200米高大厦数量/个	超300米高大厦数量/个
1	香港	中国	563	99	6
2	深圳	中国	443	184	21
3	纽约	美国	317	98	17
4	迪拜	阿联酋	265	129	33
5	广州	中国	203	64	11
6	上海	中国	195	70	7
7	吉隆坡	马来西亚	193	66	6
8	武汉	中国	192	71	7
9	东京	日本	175	37	1
10	重庆	中国	149	61	5
11	芝加哥	美国	137	38	7
12	曼谷	泰国	127	34	3
13	成都	中国	127	42	0
14	雅加达	印度尼西亚	117	51	2
15	孟买	印度	106	45	1
16	沈阳	中国	101	30	3
17	新加坡	新加坡	98	34	0
18	多伦多	加拿大	97	28	0
19	南京	中国	93	36	6
20	杭州	中国	90	33	2

数据来源：全球高层建筑数据库 https://www.skyscrapercenter.com/cities。

从社会发展角度看——

深圳的经济发展、城市建设所带来的巨大事业机会、就业机会和财富效应，快速集聚了高流动性、超年轻化的千万人口，实现了市场经济、移民社会和服务政府的良性互动。1985年深圳居民人均可支配收入仅1915元，1996年达到1.63万元，已超过了全面小康生活标准（城镇居民可支配收入1.50万元），比全国提前了14年（如图1.4）。2024年，深圳居民人均可支配收入8.11万元，较1985年增长41.4倍，为同年全国城镇居民平均水平的1.5倍，为全面小康生活标准的3.4倍（按照2000年价格计算）。截至2024年底，深圳的大学已达17所。与产业零距离的办学

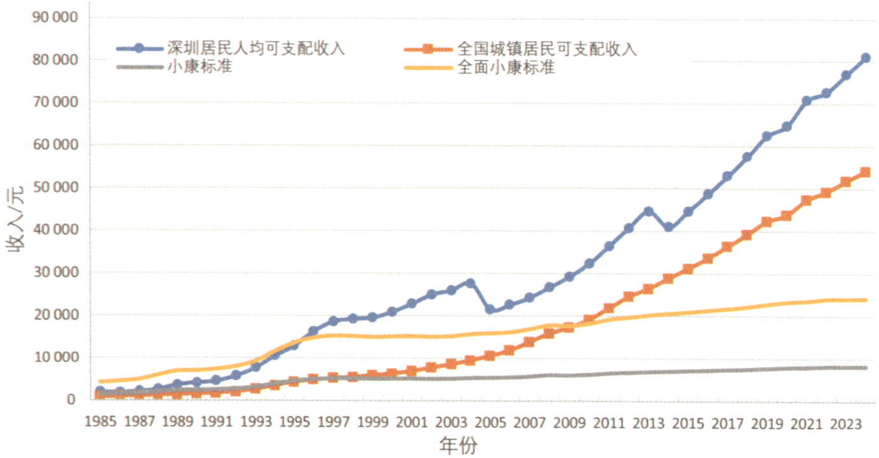

图1.4　1985—2024年深圳居民人均可支配收入及与小康标准的对比

［注：深圳居民人均可支配收入数据来自深圳统计年鉴，全国城镇居民可支配收入数据来自国家统计局。小康生活标准来自国家统计局《全国人民小康生活水平的基本标准》（1995年）设定的城镇人均可支配收入2400元（按1990年不变价计算），各年数据根据全国城镇居民CPI（全国居民消费价格指数）折算所得；全面小康生活标准来自国家统计局《全面建设小康社会统计监测方案》（2008年）设定的城镇居民人均可支配收入15 000元（按2000年不变价计算），各年数据根据全国城镇居民CPI折算所得］

模式、全球顶尖师资矩阵、颠覆性教育创新实验等优势吸引全国乃至全球人才和学子在深圳集聚。深圳从1996年开始先行先试社区健康服务，实施“院管院办”运作模式[①]，构筑了“一社区一社康中心”的社区健康服务体系。自2009年全国深化医药卫生体制改革启动以来，深圳率先探索进行基层医疗机构集团化、放开医师执业地点限制、药品集团采购等系列改革。

从思想文化角度看——

深圳实现了由思想破冰到文化引领的不断跃升，在不同历史发展时点上产生了一系列改革开放引领性思想观念。深圳经济特区建设初期，“时间就是金钱，效率就是生命”“实干兴邦，空谈误国”“敢为天下先”等口号，折射出了“发展才是硬道理”的时代主题，反映了从封闭走向开放、从保守走向改革的时代需要；当深圳从“三来一补”向高新技术产业转型发展时，“改革是深圳的根，深圳的魂”“鼓励创新，宽容失败”等口号，激发了深圳乃至全国人民干事创业、创新试错的热情；当深圳经济发展走在全国前列时，“让城市因热爱读书而受人尊重”“实现市民文化权利”等口号，呼应了人民群众物质生活进入相对富裕阶段，对文化和精神生活的新向往和新需求；当深圳走向国际化现代化创新城市时，“深圳，与世界没有距离”“来了，就是深圳人”“送人玫瑰，手有余香”等口号，将深圳与全国、与世界融合在

① 以医院作为法人机构举办社区健康服务中心（简称“社康中心”），对其实施一体化、专业化、精细化的连锁式运营管理，促进大医院与社康中心合理分工，形成紧密型的“医联体”。

一起，显示了深圳作为移民城市的宽大胸怀和建设国际性城市的博大气度。

从绿色发展角度看——

深圳构建了多中心组团式空间结构，形成了相对完整的自然生态基底，特别是党的十八大以来深圳把绿色发展理念全面融入城市发展脉络，形成了具有深圳特色的绿色发展和生活方式，走上了资源集约高效利用、经济环境友好发展的道路，山绿天蓝成为城市的亮丽名片和重要竞争力。近20年来，深圳万元GDP能耗、水耗逐渐下降（如图1.5），在全国大中城市中保持最低水平，实现经济质量和生态质量“双提升”。2024年，深圳万元GDP用电量330.12千瓦时，万元GDP用水量6.17立方米，环境空气质量6项污染物浓度连续11年全面达标，空气质量优良率为97.0%，灰霾天数已连续两年零记录（如图1.6）。

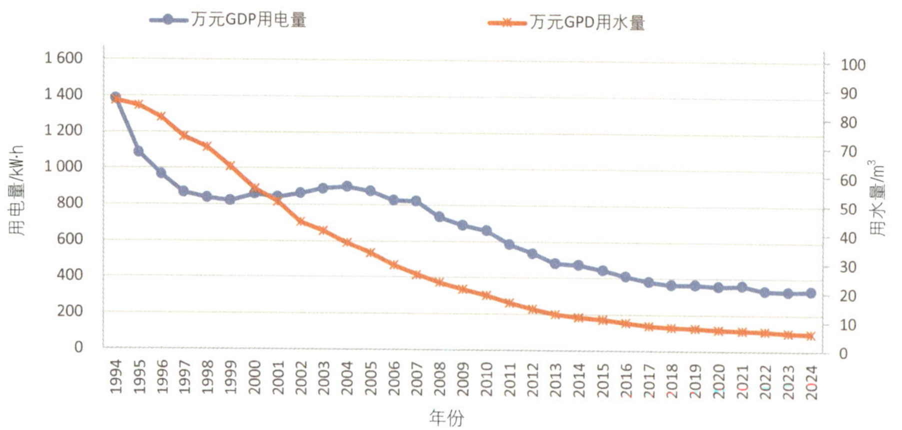

■ 图1.5　1994—2024年深圳万元GDP用电量与万元GDP用水量情况
（数据来源：深圳水资源公报、统计公报）

■ 图1.6　2001—2024年深圳灰霾情况

（数据来源：深圳统计年鉴、深圳市气候公报）

第二节

五大经济特区“路遥知马力”

我们常说，没有比较就没有鉴别，深刻认识和理解“深圳奇迹”需要做些比较观察。1979年7月，中共中央、国务院同意在广东省的深圳、珠海、汕头三市和福建省的厦门市试办出口特区。从1980年起，我国先后建立了深圳、珠海、汕头、厦门和海南5个经济特区。虽然之后经济技术开发区、高新技术产业开发区、保税区、新区、自贸试验区等均也是实质上的经济特区，但以“经济特区”冠名的就是这五个。

特别需要说明的是，当时的经济特区与经济特区所在城市或省份范围并不完全一致。深圳经济特区在设立之初面积为327.5平方千米，2010年延伸至全市。厦门经济特区在设立之初面积为2.5平方千米，1984年扩大至全岛共131平方千米，2010年延伸至全市。珠海经济特区在设立之初面积为6.8平方千米，1983年扩大为15.16平方千米，1988年再次扩大为121平方千米，2009年纳入横琴后扩大为227.46平方千米，2010年延伸至全市。汕头经济特区在设立之初面积为1.6平方千米，1984年扩大为52.6平方千米，1991年扩大为234平方千米，2011年扩大到全市。海南经济特区在设立之初（1988年）便覆盖全域，面积达3.39万平方千米。在建立经济特区后，深圳、厦门、珠海、汕头、海南的全域面积由于填海造陆、区划调整、重勘重测等因素而有所变化，各地政府2024年披露的辖区面积数据分别为深圳1997.47平方千米（不含深汕合作区）、厦门1699.01平方千米、珠海1725.07平方千米、汕头2199平方千米、海南3.54万平方千米（含西沙群岛、中沙群岛和南沙群岛的岛礁及其海域）。

虽然深圳在经济特区设立之初面积最大，但其经济和社会发展的基础却是五个经济特区中最弱的一个。从经济体量看，1980年深圳GDP仅2.70亿元，比珠海的略高900万元，远低于厦门、汕头和海南的；从人口数量上看，1980年深圳全市常住人口33万人，是五个经济特区所在城市或省份最少的一个。曾任深圳市副市长的邹尔康回忆说：“深圳当时就是一穷二白，基础设施条件极差，没有水，没有电，没有路，没有宾馆，什么也没有。”[①]然而，在随后的40余年里，深圳全面“开挂”。深圳的GDP在1983年超过厦门，1984年超过汕头，1988年超过海南，此后更是一路扶摇直上，一马当先，一骑绝尘。2006年深圳GDP占全国GDP比重达到2.66%，之后在全国经济中所占份额有所下滑，但从2011年开始再次呈现领先全国经济的态势（如图1.7、图1.8）。从集聚常住人口的角度看，深圳的发展呈现了同GDP增长相类似的走势（如图1.9）。

从中国五大经济特区的发展对比，我们可以回答许多疑问。有很多外地来的朋友说起深圳的发展奇迹，首先归因于当年特区政策的红利，

① 郭芳. 亲历者吴南生 邹尔康 深圳特区：杀出一条血路[J]. 中国经济周刊，2018（39）：32-33.

■ 图1.7　1980年五大经济特区GDP和常住人口情况
（数据来源：各地统计年鉴、统计公报）

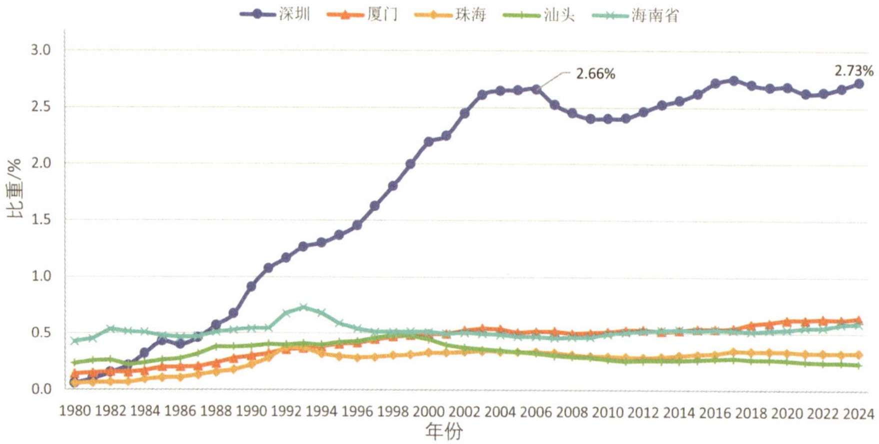

■ 图1.8　1980—2024年五大经济特区GDP占全国比重情况
（数据来源：各地统计年鉴、统计公报）

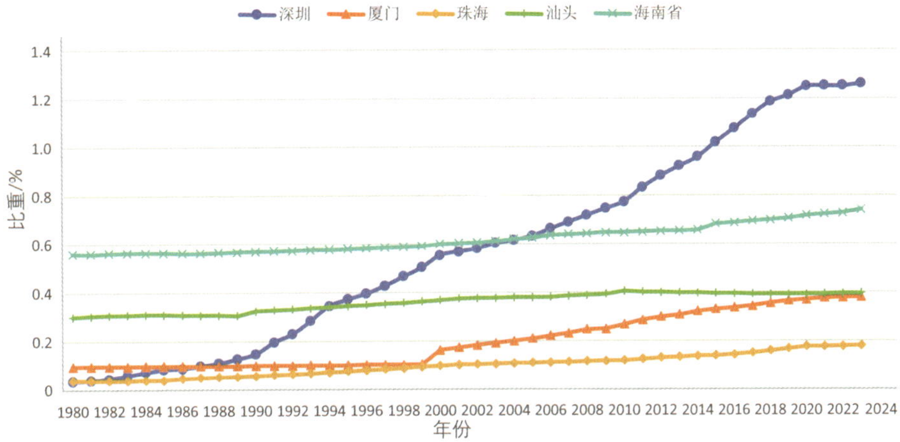

■ 图1.9 1980—2024年五大经济特区常住人口占全国比重情况
（数据来源：各地统计年鉴、统计公报）

一些人甚至会这样说，“当年如果把特区政策给我市，我市也一样会创造奇迹”。可事实并非如此，当时的经济特区政策确实对地方经济社会增长发挥了积极的作用，但当年拥有政策的可不仅是深圳，为什么其他经济特区的发展并没有如深圳一般“开挂”？甚至一些地方在批复设立经济特区十多年后，其经济增长甚至比不上全国平均水平，经济体量在全国“大盘子”中所占的比重还呈现了持续下滑的态势。深圳崛起的背后绝不是一个特区政策红利所能解释清楚的，在历史的长河里，一时的政策红利、一时的舆论火热，其实并不具备时间的复利效应。

第三节
四大一线城市“你追我赶”

1999年，跨国公司巨头宝洁做中国市场调研，联合相关机构提出了中国国内一、二、三、四线城市的概念。当时国内的一线城市就是“北上广”（北京、上海、广州），暂且不关深圳什么事。到了2010年，在国内社会舆论上，深圳开始勉强跻身一线城市，再到如今，“北上广深”为国内一线城市的概念早已深入人心。从2010年以来的“北上广深”GDP及增长情况来看，深圳作为一线城市，经济仍保持着强劲的增长势头，除了个别的年份，大多数情形均领先于其他一线城市。从GDP的绝对量看，北京、上海明显高于广州、深圳一个量级，2024年北京、上海GDP约达5万亿元量级，而广州、深圳尚不足4万亿元（如图1.10）。但结合各城市的行政辖区面积来看，就会对深圳经济强劲增长的体会更加深刻。深圳辖区面积为1997.47平方千米，加上现已纳入深圳GDP统计范围的深汕合作区460.41平方千米，满打满算是2458平方千米；而上海辖区面积为6340.5平方千米，是深圳的2.6倍；北京辖区面积为16 410.54平方千米，是深圳的6.7倍；广州辖区面积为7434.4平方千米，是深圳的3.0倍。

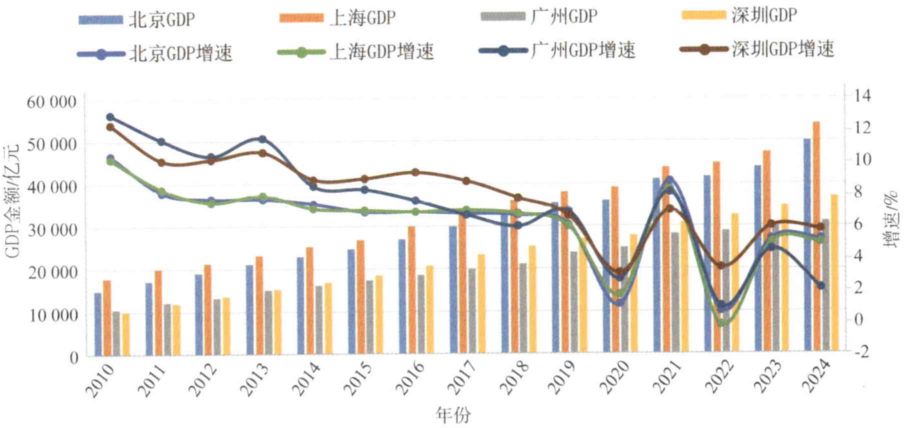

■　图1.10　2010—2024年“北上广深”GDP及增长情况
（数据来源：城市统计年鉴、统计公报）

深圳虽然缺乏国家级、省级重大科研院所，一批研究型大学建设刚刚起步，但却拥有全国城市数量最多的商事主体，拥有大量知名民营科技企业。从四大一线城市的专利授权数量来看（如图1.11），深圳专利授权数量2004年超越广州、2013年超越上海、2018年超越北京，并自此长居全国各大城市首位。其中，深圳拥有的有效发明专利数量虽然仍远不及北京，但已居四大一线城市的第二位（如图1.12）。

深圳与相当于自己几倍大小的其他一线城市在近十多年的经济增长与创新产出上的比较，无疑推导出非常重要的结论和趋势：深圳经济强劲的增长并不是依赖城市“摊大饼”式的规模扩张，经济密度、产业集群、企业集聚等对经济增长也很重要，中国超大规模城市仍蕴含巨大的经济增长潜力。

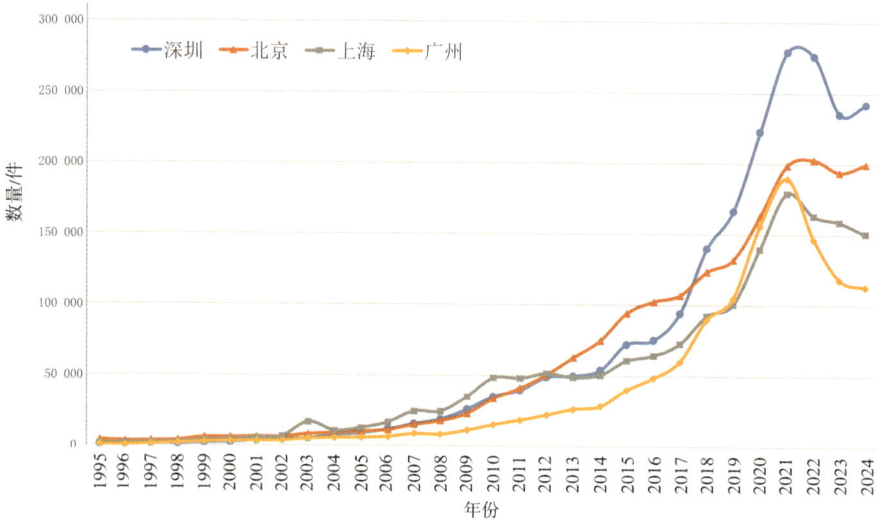

图1.11　1995—2024年“北上广深”专利授权情况
（数据来源：城市统计年鉴、统计公报）

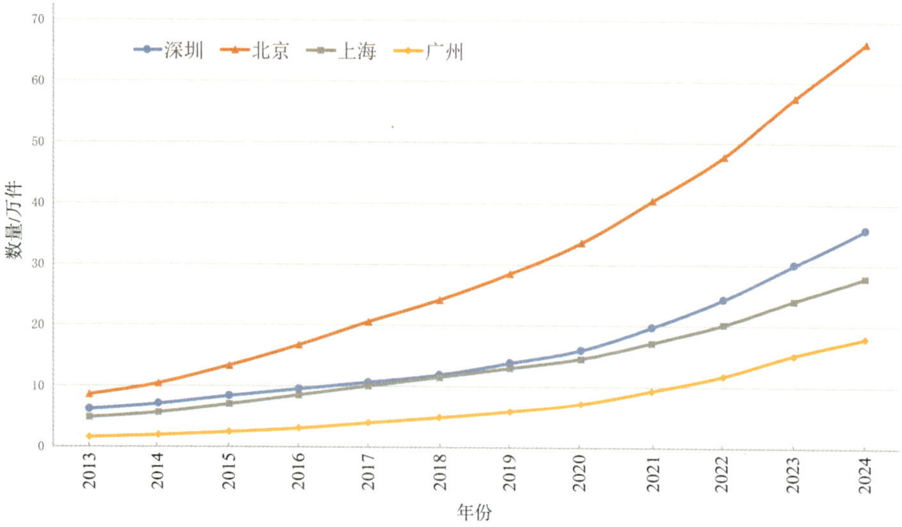

图1.12　2013—2024年“北上广深”有效发明专利情况
（数据来源：城市统计年鉴、统计公报）

第四节
深圳与“亚洲四小龙”的比较

我们再把视野扩大，把焦距拉开到全球范围，一个国家或地区经济如能10年持续保持7%以上的增长堪称“奇迹”，例如经常被称为“亚洲四小龙”奇迹的中国台湾、中国香港以及韩国、新加坡的崛起。把深圳植入“亚洲四小龙”过去60多年的经济增长时间序列中，深圳的经济增速除了极个别的年份，明显超越了“亚洲四小龙”。1980—2023年40余年间，中国台湾地区生产总值（GDP）年均增速5.4%，中国香港地区生产总值（GDP）年均增速4.2%，韩国国内生产总值（GDP）年均增速5.6%，新加坡国内生产总值（GDP）年均增速5.9%；而深圳地区生产总值（GDP）年均增速高达20.3%。深圳在建立经济特区的头20年，即便是与20世纪60年代、70年代“亚洲四小龙”增长的黄金时期相比，也呈现出了超级增长优势。1960—1980年“亚洲四小龙”黄金20年间，中国台湾GDP年均增速10.4%，中国香港GDP年均增速9.2%，韩国GDP年均增速9.3%，新加坡GDP年均增速9.1%；而深圳经济特区建立后前20年间，GDP年均增速更是高达29.3%。

从GDP增长潜力比较看，中国香港经济已步入高度服务化阶段，新加坡第三产业所占比重也已高达75%左右，且它们均缺乏孕育重大变革与增长的本土科技引领性企业，近年来它们的GDP增长率已降至3%左右。当前，深圳GDP总量已超过香港，十分逼近新加坡，并有望在未来两至三年内完成超越。中国台湾、韩国科技产业发达，拥有台积电、三星等头部引领性企业，然而深圳与之相比也毫不逊色，40余年来不仅接续涌现了华为、比亚迪、腾讯、大疆等世界级科技巨头企业，而且正在芯片制造、人工智能、低空经济等领域孕育着更具爆发力、影响力的“科技新贵”。

“亚洲四小龙”抓住二战后全球化黄金时代的机遇，崛起得更早，但同样发展外向型经济、作为后起之秀的深圳却崛起得更猛，这又是为什么？仅仅把“深圳奇迹”归因于时代红利的论断仿佛又不那么牢靠。特别是深圳建立经济特区之初，香港就是深圳的标杆，经济特区一个重要的目的就是向香港学习，但为什么学生超过了老师？1980年深圳GDP是香港GDP的1/160，到2017年深圳GDP略高于香港GDP，再到2024年深圳GDP已是香港GDP的1.27倍（如图1.13、图1.14）。因此我们把“深圳奇迹”仅归因于香港这个好老师，这同样也不牢靠。事实上深圳除了GDP超过香港，在科技实力、产业结构、人口流动、政府作用等众多方面却和香港有着非常大的差异，这无疑表明深圳的发展走出了一条自己的道路，并没有完全地照抄香港这个老师的经验。

深圳市委原书记李灏讲过一个事情，一定程度上可以解释为什么深圳和香港在发展道路上会分道扬镳。1987年，应香港总督卫奕信邀请，李灏带队访问香港，在座谈会上双方各自介绍自己的情况和发展思路。其中，卫奕信介绍了港英政府“玫瑰园计划”，即兴建香港赤鱲角新国

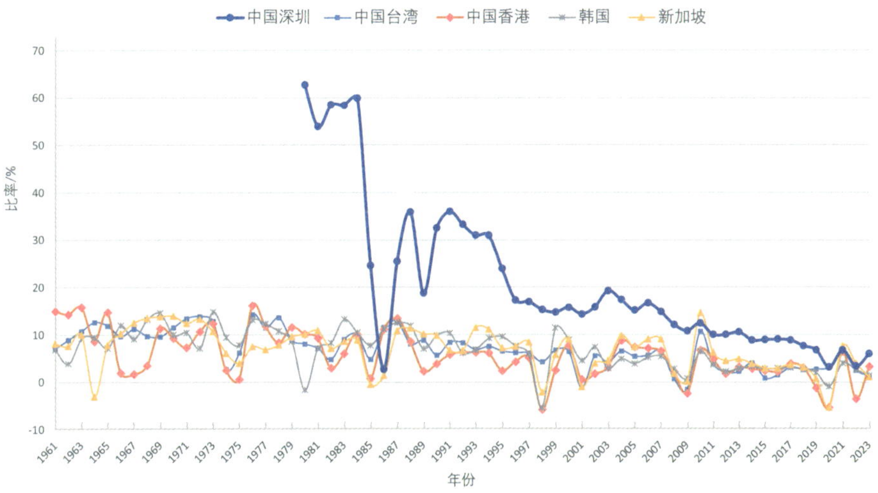

图1.13　1961—2023年深圳与“亚洲四小龙”GDP年度增长比较情况
（数据来源：世界银行、台湾地区行政管理机构主计处、深圳统计年鉴与统计公报）

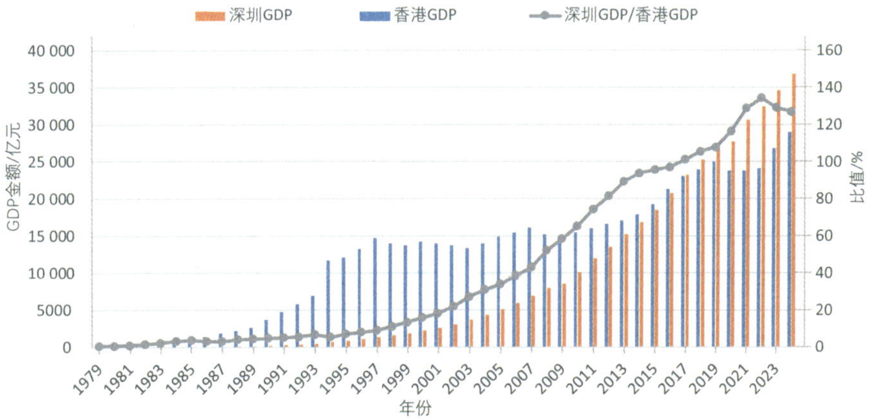

图1.14　1979—2024年深圳与香港GDP比较情况
（数据来源：香港特区政府统计处、深圳统计年鉴与统计公报）

际机场及其配套基建设施，包括公路干线、填海工程、新市镇等，房地产在其中占了主要部分。李灏询问：“今天港督先生介绍了这么宏伟的计划，听了以后很受鼓舞，也很有启发，我就提一个问题，你们对发展新技术、高科技有什么考虑？”对此，卫奕信不加考虑，脱口而出，他说：“那是民间的事，我政府不管。”当时港督如此回答搞得有些尴尬，政府都不管了，那还讨论什么。当天晚上深圳访问团碰头会上，有人说，可能今天港督说错了话。李灏说，其实他没有说错，那就是他真实的想法，港英政府对经济发展信奉的就是“积极不干预”。李灏回忆：“建立特区以来，深圳在很多方面都学习借鉴了香港的经验，但是在发展高新技术产业方面，我们没有学习香港，而是紧跟时代潮流，坚持走自己的路。”①

曾任深圳市副市长、南开大学特聘教授、香港中文大学（深圳）理事的唐杰在其《中国经济的转型与发展》一书中讲了关于香港科技大学孵化、深圳成长壮大的，已稳居全球无人机市场“头把交椅”的大疆公司的一个故事，一定程度上就可印证当初深圳选择走自己的路所带来的厚积薄发的后续效应。2014年初，香港特别行政区行政长官梁振英到访大疆公司时，与大疆公司创始人汪涛就三个问题有过精彩的对话。梁振英的三个问题是，香港科技大学在大疆公司创业中做了什么，深圳做了什么，若香港地区具备这些条件，大疆会不会到香港地区发展。汪涛的导师和他分别作了回答。第一个问题的回答是，汪涛作为香港科技大学培养的本科生和硕士生，课堂考试成绩一般，与美国前总统小布什在耶鲁大学读书时差不多，都是B。与小布什广交朋友不同，汪涛则在机器人研究领域展现了超常的实力，无论在本校还是在香港几所大学的机

① 深圳市政协文化文史和学习委员会.深圳四大支柱产业的崛起·高新技术[M].北京：中国文史出版社，2010：39-40.

器人大赛中均获得优异的成绩。香港科技大学在大疆公司发展中，一直充当辅导者角色，并且将辅导创业作为大学全程教育的一个重要内容。第二个问题的回答只有一句话，不知道深圳干了什么。第三个问题的回答更直截了当，大疆公司不可能到香港发展，因为深圳发达的产业链配套能力不仅表现为企业分工优势，这使大疆可以专注于创新研发；更表现为人才优势，没有一个地方能够聚集这样大规模的多元化工程技术人才[①]。

① 唐杰. 中国经济的转型与发展[M]. 北京：中国经济出版社，2016：243-244.

让历史告诉未来

一个城市的过去、现在和未来是相互联通的，过去映照着现在，折射着未来。我们回顾深圳既往极其迅猛又充满故事性的发展，想想其中的缘由得失，测测城市的“基因序列”，方可更加清晰地认知深圳的现在，方可更有成效地谋划深圳的未来。

第一节
“深圳”不是一天建成的

当年广东省主要领导向中央汇报经济特区建设时，小平同志说：“中央没有钱，可以给些政策，你们自己去搞，杀出一条血路来”[①]。深圳经济特区就是从如何用好政策、筹集资金起步，遍历不同阶段、不同的困难和问题，兵来将挡，水来土掩，实现了石破天惊的崛起。曾任深圳市委副秘书长、中国（深圳）综合开发研究院副理事长兼秘书长的李罗力就在其《筑梦辉煌：解码深圳腾飞的奇迹》一书中指出，“对于今天的人们来说，深圳不但是中国最早对外开放的城市，而且也是对外开放最成功的城市，这已经成为大家耳熟能详的共识”，“很多人认为，深圳对外开放不是很容易的事情吗？中国政府建立了经济特区，给了很多优惠的政策和条件，外商肯定会闻风而至，纷纷到经济特区来办企业、挣大钱。而当年的现实则远不是现在人们想象的那样”。他说，当时刚刚经历极左思潮泛滥的“文化大革命”，不仅存在外商信心问题、体制机制问题、基础设施问题、建设资金问题，更大的困难是国

① 冷溶，汪作玲. 邓小平年谱：1975—1997[M]. 北京：中央文献出版社，2004：510.

内持续不断的批评和非议。他引用深圳市委原书记秘书邹旭东的文章："1981年至1986年的深圳，在许多书写者的笔下，是一幅气势磅礴、高歌猛进的壮丽画卷。但在我这个亲历者的眼里，它是一段关隘重重而又布满荆棘的'血路'。作为中国改革开放的'探路者'，深圳经济特区自诞生之日起就伴随着各种质疑、责难、争议负重前行。可以说，深圳市主要领导班子走出的每一步都如临深渊、如履薄冰，如踩'地雷阵'，既要打破教条、本本的夹击，又要杀出既得利益的重围，可谓步履维艰、步步惊心。"①可见把过去干成的都说成是易干的、好干的，然后给自己现在不敢干、不会干找了一个说辞，这是多么可笑啊。一个时代有一个时代的问题，一代人有一代人的使命，正是一代代的特区决策者们、建设者们，不同阶段聚焦解决不同的关键问题，以踏石留印、抓铁有痕的精神，跨越了重重障碍，使得城市不断迈向了更高的发展能级。

第一阶段：初创奠基（1980—1985年）

万事开头难，深圳在经济特区开发建设伊始，主要面临的问题就是基建资金怎么来，建设队伍怎么来，外来投资怎么来。深圳借鉴了香港土地有偿使用和楼宇预售制度，形成以地引资和以地生财的滚动开发模式，解决建设资金缺乏的问题；以建筑工程招标、基建工程兵集体转业、劳动用工合同制和效益工资制等方式，用好传统干部调配机制的同时，构建市场导向的人才流动机制，解决建设队伍力量不足的问题；坚持贯彻平等互利原则，对外资企业减税降费，让企业和人才获得实实在

① 李罗力.筑梦辉煌：解码深圳腾飞的奇迹[M].广州：广东经济出版社，2023：59-61.

在的收益，较好解决了外来投资者和人才的引进问题。对此，时任市委书记梁湘提出过著名的蚂蚁理论，就是要让人们有获得感而不是一味强调奉献。该阶段深圳经济的发展一日千里，1980—1984年每年GDP年度增长均超过了50%，1985年虽有所回落，但仍高达24.5%。

第二阶段：造柱架梁（1986—1993年）

深圳发展至20世纪80年代中期面临的问题是，尚未完全做到“资金以外资为主、产业以工业为主、产品以出口为主”，被一些社会舆论批评为自我造血功能不足，主要是“赚了内地的钱”。深圳针对国内人民币汇率严重高估下对进口鼓励、对出口抑制的现状，探索设立了全国第一家外汇调剂中心，破除了外向型工业发展的最大制度性障碍；实施国有企业股份化改造、民间科技企业准入等重大产权制度改革，辟建证券交易所等要素市场，以及争取和行使特区立法权，提高法治建设效率和效力，构筑了市场经济发展的关键性制度，更好更快地融入全球经济与产业分工协作体系。

第三阶段：塑造特质（1994—2002年）

至20世纪90年代中期，全国“由点到线、由线到面”的全方位开放格局形成，深圳面临政策趋同、特区不特的问题和挑战。对此，深圳旗帜鲜明地把发展高新技术产业作为城市发展的支柱产业，开展高新技术企业认定，设立深圳市高新投集团有限公司（简称“深高新投”）、中小担公司等政策性担保公司，创新“投贷保债”联动模式，为中小微科技企业发展提供担保增信；设立国有风险投资公司深圳市创新投资集团（简称“深创投”），赋予市场化经营机制，为中小微科技企业提供股权融资；停办荔枝节，开办高交会，加速高新技术成果向实际生产力转化；兴办虚拟大学园和深圳大学城，与全国高校合作，培养和集聚高层次人才。系列务实举措进一步强化了深圳开放、包容、创新的城市形象，特别是奠定了高新技术产业之城的城市特质。

第四阶段：品质提升（2003—2018年）

到21世纪初，深圳面临的主要问题是土地、资源、人口、环境四个“难以为继”，经济发展的整体素质不高。对此，深圳实施了原特区外农村城市化改造，成为全国首个没有农村农民的城市；规划建设深港前海现代服务业合作区，推进现代服务业开放合作；创新深汕特别合作区“飞地模式”，拓展土地空间468平方千米；开启事业单位转企和职员制改革以及法定机构探索，破除事业单位身份模糊问题；在国内率先建立基本生态控制线管理制度，把基本生态控制线作为保护经济和社会可持续发展的生命线和高压线。

第五阶段：先行示范（2019年至今）

2019年中央支持深圳建设中国特色社会主义先行示范区，开启了深圳经济特区发展的新阶段。找准该阶段深圳的问题首先要回顾建立经济特区的初心使命，党中央创办经济特区的战略意图就是，发挥经济特区改革开放的窗口、试验田作用，先行先试探索中国特色社会主义道路，勇当社会主义现代化建设的排头兵。深圳能够在全国五大经济特区中脱颖而出，主要得益于历届市委、市政府领导班子和一代代特区建设者牢记党中央创办经济特区的战略意图，开启了一系列主线清晰、敢闯敢试的重大体制机制改革。45年来，深圳经济特区的重大改革探索没有无病呻吟——为了改革而改革，也不是人云亦云——别人怎么改我就怎么改，更不是盲目蛮干——眉毛胡子一把抓，而是针对深圳不同阶段改革发展要求，以问题为导向大胆探索试验，持续释放改革的制度红利。

从历史演化脉络看，伴随着经济体量不断增大和城市运行日益成熟，深圳在重大制度变革上动力在减弱、速度在放慢，20世纪锋芒毕露的闯将精神和改革锐气逐渐消淡。从国际环境变化看，深圳原来融入全球经济体系发展的迭代升级效应开始触碰到制度性瓶颈障碍。中美贸易摩擦最直接的冲击对象就是深圳这样高度开放的创新型城市，民间戏称“中美贸易摩擦是美国与中国深圳南山粤海街道办的冲突”“特朗普是中国高科技企业的认证官”等等。深圳创新发展直接引进高端人才、购买科研资源的难度越来越大，而源头创新又具有更大不确定性，需要千千万万个体创新试错和承担成本。传统产业政策不仅诱导了各种各样的政策套利行为，更重要的是，其会消灭或抑制其他创新选项和创新可能，而没有大量多维创新探索就难以产生有生命力的源头创新。因此，深圳解决该阶段问题就要突破“拿来主义”的惯性思维，勇于构建全新的体制机制，鼓励百花齐放、百家争鸣，营造更加有利源头创新和原始创新的城市文化氛围，吸引国内外资源加快向深圳集聚，突破发达国家在科技领域的封锁打压。

我们回望深圳一路走过的45年，它的每一步都在“破壁”，都在为下一个时代的突围与开拓“点亮火把”。当这座城市再次启程，它要证明，真正的“先锋”从不止步于“杀出血路”，还要在“无人区”劈出新途。

第二节
三次社会大讨论

从历史的维度审视深圳经济特区的建设与发展，就是一个不规避问题、不掩盖矛盾，迎难而上，扫除障碍，不断实现更高能级发展的过程。除了经济特区初创时社会舆论对经济特区这一新事物的非议和责难外，深圳经济特区发展史上有三次轰动全国的大讨论——每次大讨论不仅有社会舆论层面参与，而且还有深圳市委、市政府的声音及其后续的政策行动，对深圳经济社会的跃升发展产生了极其深远的影响。

第一次大讨论：特区失败论

以1985年5月香港大学亚洲研究中心陈文鸿博士的文章《深圳的问题在哪里？》为代表，20世纪80年代中期，国内外媒体舆论对深圳经济特区建设提出了犀利的批评。陈文鸿从“深圳的经验成功吗？”问起，以大量的数据论证深圳急速发展背后，并没有遵循广为宣传的建设资金以引进外资为主、产业结构以工业为主、产品以出口外销为主的路径。他认为：“深圳的繁华，基本是依靠特区的特殊经济政策，以进口商品和物资来赚国内市场的钱，与原来的构想、要求背道而驰。假若深圳的实践真的对沿海开放城市有重要的参考价值，这个参考主要是教训，不是成功的经验，以及深圳在未来的日子里能够真正研究出解决的办法。”甚至他在文章的结尾作了非常悲观的断言：“发展技术和知识密集的工业，相信还是由上海等城市来进行才符合全国的宏观经济效益。难道在资金不足的情况下，还要把大量宝贵的国内资金继续投入深圳，来支撑起深圳的繁荣，深圳的样板典型吗？”①

当时也有文章认为，只是用官方所定的“三个为主”目标作为衡量的准绳，以一个长远的目标去评估短期（五年内）的表现，有失公允。深圳市委原书记梁湘曾在《深圳特区报》发表文章，反驳有关特区“输血论”“特区赚了内地的钱”等非议，并坦承要把特区建设成为以工业为主的外向型的综合性经济特区，还要走很长的路。同时应梁湘邀请，中国社会科学院副院长刘国光带队于1985年3月至4月到深圳进行调研，提出了深圳经济发展的战略目标应该是建设外向型的，以先进工业为主，工贸并举，工贸技结合的综合性的经济特区；与沿海开放城市和开放地带比，深圳特区的外向程度应更高一层，这是关系到特区的前途和中央举办经济特区的决策意图能否实现的大事②。

1985年底至1986年初，国务院副总理谷牧在深圳主持召开经济特区工作会议，主要讨论发展外向型经济问题，明确特区要从前几年铺摊子、打基础，转到抓生产、上水平、求效益方面来，特区产业结构要以

① 陈文鸿. 深圳的问题在哪里？[J]. 广角镜，1985（152）：48-55.

② 王硕. 八十年代中期关于中国经济特区成败的辩论与抉择[EB/OL].（2013-07-08）[2025-03-01]. http://www.szdag.gov.cn/dawh/szzg/content/post_99166.html.

具有先进技术水平的工业为主，工业投资以利用外资为主。1986年12月，深圳新任市委书记兼市长李灏指出："特区前六年的建设，应该算是一个初创奠基阶段，也就是第一个阶段。这个阶段的任务应该说是基本完成了。从现在起，特区进入了一个发展新阶段。"①

这里也想说说李灏书记亲自给笔者讲到的一些事情。那是2014年，李灏书记作为我们中国（深圳）综合开发研究院的名誉理事长参加了我们在北京举办的年会。年会上笔者作了关于"释放地方规划的活力与动力"的演讲，其中讲到了李灏书记在深圳任职期间有关深圳"七五"规划的一些事情。回深圳后，有一天李灏书记请我们研究院办公室主任刘瑞约我一块去他家聊天，他针对我演讲中涉及的一些具体情况作了回顾和说明，特别谈到了特区失败论的风波。他说，他后来在日本参加学术会议时也就这个问题与陈文鸿博士做过交流，还和陈文鸿开玩笑："我这个市长是谁任命的？就是你任命的，你不发表这篇文章，不引发舆论风波，我就不会到深圳来当市长。"如今反过头去看当时的种种争论，我们再问一次当时讨论的问题——深圳经济特区失败了吗？事实是没有。我想，深圳经济特区没有失败的其中一个原因就是敢于讨论失败。

第二次大讨论：特区不特论

1994年初，中国科学院国情分析员胡鞍钢向高层报送一份内参报告，建议特区不能再"特"了。同年6月，他在中央党校讲"中国地区

① 王硕．八十年代中期关于中国经济特区成败的辩论与抉择[EB/OL]．（2013-07-08）[2025-03-01]．http://www.szdag.gov.cn/dawh/szzg/content/post_99166.html.

差别问题”时，把“特区不能‘特’”的观点公开，引起了一些地区领导、学者和民众的共鸣和讨论。当时胡鞍钢的核心观点有据可查，根据《改革》杂志1994年第3期发表的胡鞍钢署名文章《欠发达地区发展问题研究》，他针对改革开放以来中国各地区人均收入绝对差距拉大的问题，建议要“创造公平竞争的市场经济环境，取消各种减免税和优惠政策，取消某些地区的经济特权”。他认为：“公平竞争是现代市场经济制度的基本原则之一。政府是市场竞争规则的制定者和监督者。除自由贸易区外，在中华人民共和国境内，一律实行统一税制，其中中央税、中央和地方分享税为统一税种、统一税率。任何地方无权减免中央税收。任何地方不得享有法律和制度之外的经济特权，即使是经济特区也不能享有或保留经济特权。今后不再批准任何新办特区和开发区。”特别是对经济特区的特殊政策提出了强烈的反对意见：“在日益深入而广泛的市场经济发展中，特区的特字实质上是一种特权或垄断权，具有破坏公平竞争的消极作用。欠发达地区为什么不服气，他们并不介意穷和富，而在意他们不能参与公平竞争。仅以珠海经济特区为例，1992年人均GDP为17 454元，居全国最高水平，相当于贵州人均GDP的17.3倍，两者绝对差距为16 445元。像珠海这样高收入地区再享受优惠政策，继续占便宜，实在毫无道理。因此，让特区不特，与大家一样，在市场竞争面前人人平等，是结束‘放权让利’，走向‘制度创新’改革的必由之路。同时，特区应选择技术创新作为今后经济高速增长的动因和源泉。”[①]1994年10月，胡鞍钢在新加坡《联合早报》继续撰文，他解

① 胡鞍钢. 欠发达地区发展问题研究[J]. 改革，1994（3）：115.

释了“为什么提出‘让特区不特’”，断言这是“难以避免的一场争论”，背后是“特殊利益集团的兴起”，同时提出“特区的‘特’字不能特在优惠政策和减免税，而应当特在技术创新、反腐败、扫三黄、机构消肿，特在与国际市场接轨，按国际惯例从事”①。

对此，1995年8月《深圳特区报》发表深圳市委书记厉有为的文章《深圳的实践说明了什么》，对举办特区不利于公平竞争、培养特殊利益特权阶层的观点进行了反驳。此后，《深圳特区报》又陆续发表《办特区是搞特权吗？》等若干回应性评论。事实上，正是这场争论把当时对经济特区的一些不同意见摊到台面上，引发了中央层面、地方层面，包括深圳本地各个层面上上下下的共同思考。如何构筑深圳真正的城市特质和真正的竞争力，成为深圳这个高科技城市脱颖而出的一个起点。

1995年4月，中共深圳市第二次代表大会召开，提出了“第二次创业”的战略口号，要从外向型经济向开放型经济转变，要从追求经济高增长向注重民生转变，要进一步加强政治体制改革，建设服务型政府。1995年12月，中共中央总书记、国家主席江泽民在深圳经济特区建立15周年之际视察深圳并题词“增创新优势，更上一层楼”，明确了深圳经济特区进一步发展的方向。

第三次大讨论：深圳被谁抛弃论

2002年11月，一篇署名为“我为伊狂”的文章《深圳，你被谁抛弃？》变得备受关注，在人民网强国论坛上迅速传播，引发了社会的广

① 胡鞍钢.中国特区还能再“特”吗？[N]. 联合早报，1994-10-26（12）.

泛讨论。文章从深圳的中兴、华为、招商银行、平安保险“四大金刚”以及沃尔玛总部迁出深圳的传闻说起，分析了国内外形势变化，认为中国的经济发展从局部试验性的阶段开始向普遍改革推进，加之在中国加入世界贸易组织（WTO）的背景下，经济特区逐渐失去其特殊性。“尽管每一个经济特区都不愿意放弃其特殊性，但它们仍然不能不接受一个越来越明显的现实：经济特区在中国的历史使命已经完结。加入WTO后，‘经济特区’似乎更没有存在的理由，因为经济特区是与WTO的精神相违背的。”并指出“深圳人自己也明白，给予特区的政策是不可能长期存在的。谁抛弃了深圳？”。他认为“深圳近年来竞争力下降是因为处在时间和空间的不利地位，但这是深圳被‘抛弃’的表面原因所在，因为时空因素的限制，是一个经济系统在发展到一定规模后无法回避的问题”，更深层次的原因是深圳在这个转型过程中所表现出的茫然和不知所措，“过去22年的发展更多是得益于政策倾斜和优惠，而没有建立起一个完善的市场经济体系，也没有确定一个可持续发展的城市发展战略”，并指出了深圳存在国有经济改革迟缓、政府部门效率低下、治安环境日趋恶劣、城市环境捉襟见肘四个突出问题。

此后，时任深圳市市长于幼军与署名“我为伊狂”的作者呙中校开展了公开对话。于幼军肯定了呙中校的文章，同时对其文章不够准确之处解释为，看问题的角度不同，所掌握的情况有限，不必厚责，并说：“我也找深圳的老同志交谈过，在深圳过去20年的发展中，每逢关键时刻都有议论。香三年、臭三年、不香不臭又三年，总之有各种议论，我认为这很正常，大家都不愿意议论，那才真叫惨！”[①]说得真好，正是深圳社会上下持续不断的反思和思考，使当时更多的人、更多的企业看到了深圳的希望，增强了对深圳的信心，如此才有了后来的一个经济中心城市、一个粤港澳大湾区核心引擎城市的继续演化成长。

清代诗人龚自珍有诗云：“九州生气恃风雷，万马齐喑究可哀。我劝天公重抖擞，不拘一格降人才。”风雷孕育着勃勃生机，而沉寂则传递着肃杀的气息，真正的人才正涌现于和驰骋于风起云涌时。事实证明，树立问题意识和保持危机感对政府来说是件重要的大事。深圳经济特区在发展中正是由于敢直面问题、广聚众智众才，方屡屡破解难题，化危为机，每次大讨论都催生了自己新一轮的大发展。

① 于幼军与“我为伊狂”对话 感谢给深圳击一猛掌[EB/OL].（2003-01-20）[2025-03-02]. https://news.sina.com.cn/c/2003-01-20/1042880844.shtml.

第三节
深圳“七五”规划的改革棋局

根据蒂伯特（C.M.Tiebout）的分权理论，中央政府向地方政府分权可以解决困扰中央政府对地方的信息不对称问题，同时地方居民可以在不同地方自由迁徙，以“用脚投票”的机制，促使地方政府之间竞争以满足最优公共资源配置的要求。从这个意义上讲，给予地方政府相应的自主性有助于公共服务提供和市场环境培育，带来经济和社会可持续发展。然而，苏联解体后俄罗斯市场化改革研究成果表明，俄罗斯中央政府向地方政府的分权，却让地方政府被利益集团所俘获，并没有带来经济的长足发展，由分权驱动的地方竞争成为趋害的竞争（race to the bottom）；而中国改革开放以来的向地方政府分权所产生的效果与俄罗斯不同，中国政府向地方分权带来了中国经济40多年的转型发展和可持续增长。许成钢、钱颖一等人在国际上提出了中国政府向地方分权的“财政联邦制，中国特色”（fiscal federalism， Chinese style）的基本概念。张军等人进一步概括为中国经济转型和增长是在集权与分权相结合的“威权体制”下实现的（decentralized authoritarianism），向地方分权产生了地方之间的竞争，维护了市场，促进了增长；同时应保持一定形式中央政治集权，防止市场分割、重复建设、环境破坏等过度地方主义，克服地方趋害的竞争现象①。理论研究无疑指向，地方唯有用好中央对其的分权，既不可什么事情都要等待中央告知，要发挥自身的能动性，又必须遵循中央的大政方针，才能实现更好的发展。

笔者认为，深圳正是在“七五”期间依托卓越的锐意改革和良性的央地互动，特别是“谋在长远”与“干在实处”相结合，奠定了有别于其他同时代特区城市的独特架构。这里我们从《深圳市国民经济和社会发展第七个五年规划》（简称“‘七五’规划”）可窥一斑。深圳“七五”规划是在深圳经济特区建立第五年的时间节点上，深圳“特区失败论”甚嚣尘上的社会舆论背景下编制的。深圳“七五”规划先回答经济特区的新模式是什么，要向当时亚洲经济的“领头雁”日本学习，还归纳了经济自由、企业独立、高度开放、政策特殊四个特区特点作为发展目标。最为关键的是，规划论述了要实现这样一个目标，我们需要什么样的条件。

规划认为主要有八条重要支撑条件，其中，第一条就是改革所有制结构，提出了国有企业实行民营化股份制，吸收职工个人参股。这与我们30年后所推行的国企混合所有制改革的主要思想是一致的。第二条，改革劳动人事制度，允许劳动者自由流动，催生了深圳人力资源市场。即使今天，深圳诸多外迁企业仍需要返回深圳招聘劳动者。第三条，确立科学管理体系，明确争取中央对特区统一领导和争取省一级权限。1988年，深圳获批成为计划单列市。第四条，改革特区计划体制，提出

① 张军.分权与增长：中国的故事[J]. 经济学（季刊），2007，7（1）：21.

“市场第一、计划第二”的计划管理原则，把微观决策权放给企业。大家想想，1992年党的十四大提出“发挥市场配置资源的基础性作用”，2013年党的十八届三中全会提出“发挥市场配置资源的决定性作用”，可知当时深圳的理念和改革是如何之超前。第五条，实行具有特区特点的产业政策，重申建立以工业为主、工贸结合的外向型经济，明确产业技术结构逐步升级的战略目标，“七五”期间要形成“轻小精新”的外

图2.1　深圳国际贸易中心大厦以“三天一层楼”的速度创造了建筑史上的新纪录，成为享誉中外的“深圳速度”的象征

向型工业体系。第六条，建立深圳的财政金融体系，提出“待条件成熟后举办证券交易所”。“七五”期末，深交所正式成立。深交所成立这一重大决策，深刻影响了当时不足200万人口的深圳直到今天乃至更长远的城市发展。第七条，完善经济特区法制，明确为保证新的经济模式实现，要有经济立法权。1992年，全国人大授予深圳经济特区地方立法权。第八条，搞好政治体制改革，提出要建立适应特区经济模式需要的人民代表大会制、政治协商会议制。1990年12月，深圳市第一届人民代表大会第一次会议、政协深圳市第一届委员会第一次会议召开。

我们再从深圳“七五”规划和国家“七五”计划的比较来看，深圳这个“规划”的概念要比国家的计划早了整整十五年。深圳“七五”规划的八大支撑条件均为国家“七五”计划总体思路下的更为积极的探索，但其更加突出了“对上不盲从、对下不忽悠”，根据深圳经济特区建设阶段特点和外部环境，实事求是地规划了深圳经济特区未来发展的蓝图，每一条支撑条件都成为指导深圳经济特区此后开发与发展的导向原则。这是深圳落实国家五年计划思路、落实国家经济特区战略和开展“先行先试”的重要体现，也是消除当时的社会舆论负面效应、实现自身城市长远发展的客观要求。深圳“七五”规划所体现的思想和内容，不仅设计了深圳城市未来的发展方向和发展框架，而且也为国家计划和政策落地进行了卓有成效的探索。

总结深圳“七五”规划经验，需要强调的是：第一，目标导向结合问题导向，着力解决制约当时发展最关键的问题，打破了当时的阶段性特征的局限，起到真正的规划引领作用。第二，开展了中央与地方的规划互动，国家规划定大方向，深圳规划真正细化落实；但深圳不墨守成规，结合自身发展，在所有制改革、市场体系建设等领域大胆突破。要改革还是要政策？深圳“七五”规划已作出了一个完美诠释，以改革手段推动政策突破，以政策突破完善市场架构，以市场架构促进城市良性发展。

回顾深圳“七五”规划对当前地方政府规划编制、城市治理仍是有意义的。深圳“七五”规划中粗线条、短平快的产业规划导向，没有盲目照抄国家规划中的产业内容，没有盲目照搬近邻香港的发展模式，规避了政府产业规划的越位问题，规避了地方相互攀比跟从的非理性行为，为深圳后来以市场导向、企业主体为特点的高新技术产业崛起创造了良好外部条件；与深圳“七五”规划几乎同时编制的《深圳经济特区总体规划（1986—2000）》，邀请了国内外知名专家团队，结合深圳城市特点提出了带状组团城市布局结构，没有盲从至今仍在流行的块状或饼状布局结构，奠定了深圳城市低成本扩张的空间发展格局；深圳“七五”时期的主要领导李灏，在“七五”规划编制期的1985年来深圳任市长、1986年任市委书记，至1993年离任，成为深圳至今任期最长的市委书记，保障了“七五”规划的战略思想一以贯之地坚持与执行。

第四节
意料之外、情理之中的中心功能

45年来，深圳已发展成为国家经济中心城市和对外开放门户，具备能够影响全国乃至全世界的科技中心、金融中心、物流中心等城市功能。然而从历史的维度看，深圳这些功能的形成，既在意料之外，又处情理之中，这里就以科技和金融为例作一个回顾。

深圳经济特区创办之初，科技和金融基础极其薄弱。先看科技基础，1979年“全市能和科技沾上边的仅有中国水产科学院南海水产研究所盐田试验站，以及市属的农科、林科、水产、农机等五个科研机构，主要为农业生产服务，工业及其他领域科研则是空白。全市有工业企业224家，主要生产化肥、小农具、日用小商品等支农产品，仅有市辖宝安县无线电厂一家电子工厂，生产小功率变压器、农用电动机等简单电子产品，年产值约70万元。1979年底，全市有科技人员350余人，其中只有两名工程师，无一名高技术人员”[①]。再看金融基础，“1979年底

① 深圳市政协文化文史和学习委员会. 深圳四大支柱产业的崛起·高新技术[M]. 北京：中国文史出版社，2010：3.

的深圳，仅有中国银行深圳办事处，中国人民银行、农业银行和建设银行深圳支行等少数网点，全部金融机构人民币存款仅10 125万元，外汇存款1.5万美元，人均储蓄水平仅322.4元；银行贷款是当时唯一的金融资产业务，总规模7532万元，保险、证券基本上是一片空白。金融机构少、规模小、种类残缺不全，远未能真正发挥应有的金融功能，这就是当时薄弱的金融业现状基础”[①]。我们翻查了深圳经济特区创办之初的一些材料以及首份规划大纲《深圳市社会经济发展规划大纲》，没有任何“科技”“金融”字眼的描述，涉及“科技”就是“引进先进技术”“引进技术设备先进的项目”等寥寥数语，涉及“金融”就是“客商直接投资”“内联贷款”“统筹贷款”等简单投融资概念。

就是这个科技与金融基础如此之差，且缺乏“豪言壮语”的崭新城市，为什么后来却发展成在中国乃至世界享有盛名的科技中心和金融中心？笔者认为，深圳能够成为科技中心和金融中心的历史事实和相关资料有很多，总体呈现出一个非常鲜明的发展主线，那就是“攀登珠穆朗玛峰的目标是要的，但要在什么山头唱什么歌”，也就是说，深圳经济特区背负的“窗口”“试验田”“排头兵”的使命任务是明确的，大致的方向是明确的，但并不意味着一上来就搞什么“口号壮举”，而是要在前行的道路上遇到什么问题解决什么问题，遇到什么障碍清除什么障碍。踏踏实实走好每一步，一段时间后再回头望望，自己也会感慨，原来已前进了如此之远。

① 深圳市政协文化文史和学习委员会. 深圳四大支柱产业的崛起·金融[M]. 北京：中国文史出版社，2010：2.

深圳科技中心功能的形成

当几乎什么也没有时，深圳以“三来一补”方式，对接全球资金技术，加快经济特区开发建设，迅速形成生产力是现实的、可行的；当仅有“三来一补”可能陷入产业的低端锁定时，培育民营科技企业，建设科技开发园区，从市场端释放科技企业的活力，促进技术的产业化、产品化发展，这也是科学的、合理的；当拥有一批民营高科技企业、电子信息产业一业独大时，建设更加广泛的孵化器、产业化基地和科技园区，完善科技创新政策，构建区域创新体系，争创国家创新型城市，让更多的高科技企业涌现，让电子信息优势向更多产业领域延伸，这又是顺其自然的；当面对西方国家“卡脖子”技术限制、国际贸易摩擦冲击时，营造市场化、法治化、国际化的一流营商环境，鼓励和支持原始创新、源头创新，建设更大创新生态，让千千万万创新主体勇敢创新试错，又是势在必行的。

近年来国内各类科技创新报告中，深圳排名不是第一就是第二。例如，2024年11月赛迪顾问发布的《2024中国城市科技创新竞争力研究》报告中，深圳排名第1位；2025年1月首都科技发展战略研究院发布的年度品牌研究报告《中国城市科技创新发展报告（2025）》中，深圳排名第2位，仅次于北京。而从全球看，深圳的创新中心功能也已获得了广泛认可。世界知识产权组织基于专利申请活动和科学技术作品的发表情形于每年发布的全球创新指数排名中，深圳携手香港、广州已长期位列第二（如表2.1）。

表2.1 2017—2024年全球创新指数排名前五的创新集群

排名	2017年	2018年	2019年	2020年	2021年	2022年	2023年	2024年
1	东京－横滨	东京－横滨	东京－横滨	东京－横滨	东京－横滨	东京－横滨	东京－横滨	东京－横滨
2	深圳－香港	深圳－香港	深圳－香港	深圳－香港－广州	深圳－香港－广州	深圳－香港－广州	深圳－香港－广州	深圳－香港－广州
3	圣何塞-旧金山	首尔	首尔	北京	北京	北京	首尔	北京
4	首尔	圣何塞-旧金山	北京	首尔	首尔	首尔	北京	首尔
5	大阪-神户-京都	北京	圣何塞-旧金山	圣何塞-旧金山	圣何塞-旧金山	圣何塞-旧金山	上海-苏州	上海-苏州

资料来源：世界知识产权组织（WIPO）历年全球创新指数。

深圳金融中心功能的形成

深圳金融就是从为经济特区大规模开发建设“找到钱”开始的，从最早的南洋商业银行引进，到中农工建四大国有银行在深圳率先突破条块分割、实行业务交叉，到招商银行、深圳发展银行、平安保险、特区证券等金融机构设立，再到深交所股票市场辟建，深圳金融业走出了“黄金发展十年”。1991年，深圳市金融工作会议提出了深圳经济特区的第二个10年，要建成外向型、区域性的金融中心的发展目标。到1996年，“依托华南，深港合作，服务全国，走向亚太，形成管理规范、运作灵活、功能齐全、手段先进、开放度高、辐射面广的区域性金融中心”被正式写入深圳市国民经济和社会发展“九五”计划。此后，为服务创新创业、产业转型和创新型城市建设，深圳先后成立创业投资公司、创业投资引导基金，设立天使母基金、鲲鹏并购基金和民营企业稳定发展基金等，促进产业链主企业和上市公司开展企业风险投资（CVC），支持数字银行、数字支付、数字消费金融等新兴金融领域发展，依托前海深港现代服务业合作区打造国家金融业对外开放试验示范窗口。至今，深圳在全球金融中心指数（GFCI）排名中稳定在前十（如表2.2）。

表2.2 第37期全球金融中心指数TOP20排名

金融中心	第37期		第36期		较上期变化	
	排名	得分	排名	得分	排名	得分
纽约	1	769	1	763	0	▲6
伦敦	2	762	2	750	0	▲12
香港	3	760	3	749	0	▲11
新加坡	4	750	4	747	0	▲3
旧金山	5	749	5	742	0	▲7
芝加哥	6	746	6	740	0	▲6
洛杉矶	7	745	7	739	0	▲6
上海	8	744	8	738	0	▲6
深圳	9	743	9	732	0	▲11
首尔	10	742	11	729	▲1	▲13
法兰克福	11	741	10	730	▼1	▲11
迪拜	12	740	16	723	▲4	▲17
华盛顿	13	739	12	728	▼1	▲11
都柏林	14	738	14	725	0	▲13
日内瓦	15	737	13	726	▼2	▲11
卢森堡	16	736	19	720	▲3	▲16
巴黎	17	735	15	724	▼2	▲11
阿姆斯特丹	18	734	27	712	▲9	▲22
波士顿	19	733	22	717	▲3	▲16
北京	20	732	18	721	▼2	▲11

数据来源：英国Z/Yen集团、中国（深圳）综合开发研究院联合发布的《第37期全球金融中心指数》。

第五节
正视过往，续写新篇

在深圳经济特区建立40周年前夕，笔者所在研究院承接了研究“深圳经济特区实践和经验”的一个课题。记得当时为了突出深圳成绩背后的宝贵经验，参考借鉴其他同类研究成果研判和说法，课题组最终总结了十个“始终坚持”起头的经验。在课题讨论时，笔者对此提出不同意见，一些“始终坚持”的经验总结，不符合深圳发展的历史事实。例如“始终坚持绿水青山就是金山银山的理念”，事实情况是，深圳的河流、空气、土壤的污染现在虽已好转，但也曾很严重。大家讨论来讨论去，也没有讨论出一个令众人都满意的结果来。2020年10月14日，习近平总书记在深圳经济特区建立40周年庆祝大会上发表了重要讲话，他非常精准地总结了经济特区40年改革开放、创新发展积累的十条“必须”之经验。当时笔者非常感慨，十条“必须”相对于十个“始终坚持”，虽为一词之差，但充分体现了中央对事实的尊重和表述之严谨。不否认原来的问题，更能体现如今的成绩。

其实，建立中国特色社会主义的经济特区就是一种前所未有的伟大探索，探索过程中难以避免存在这样那样的问题，而且恰恰是因为这些率先暴露的问题，经济特区所担负的改革、开放、创新的使命，才有了真真切切的现实需求、试验场景。对此，我们研究院的樊纲院长早在20世纪90年代就发文犀利指出“骗出一套新体制”。当时社会上有些人惊呼世风日下，责怪搞市场经济搞得人们道德沦丧。樊纲院长深刻分析了这类现象后认为，改革是一种破旧立新的过程，旧的规则、规范、道德失去效力，新的规则、规范、道德尚未完善，人们还不知道如何保护自己的利益、防范坑蒙拐骗，供小人们钻空子的空间多起来，这也说明我们的改革正在深入进行、遍地铺开。魔高一尺，道高一丈。随着市场博弈，有骗人的，就有人要防骗，防骗的过程也是制度的形成过程，政府职能的转变和律所、消协等民间机构的建设也会随之发生[①]。

深圳经济特区作为我国改革开放以来，计划经济体制向市场经济体制转轨的产物，对其有这样和那样的不同认识也是正常的，其45年发展中的“争议讨论”“磕磕绊绊”也在所难免。这本身就是市场经济自主、竞争、开放的一个特征，是市场经济自发秩序形成的一个过程。换而言之，尊重和回顾深圳发展的事实，就像观察一个用往昔折射今朝的时空三棱镜，就像阅读一本用经验写就未来的历史预言书。这不仅使我们更能体会深圳经济特区建设成绩的来之不易，更重要的是，面向未来，我们可以避免犯重复性错误，汲取成功的经验，创造更大的“深圳奇迹”。

① 樊纲.制度变革与社会转型[M].北京：中信出版社，2014：3-6.

创造性贯彻落实党中央决策部署

兴办经济特区，是党和国家为推进改革开放和社会主义现代化建设作出的重大决策。深圳经济特区45年来坚决贯彻落实了党中央创办经济特区的战略意图，坚持解放思想、实事求是，以逢山开路、遇水架桥的主动性和敢闯敢试、敢为人先的创造性，实现了经济特区事业突飞猛进的发展，有力地服务了全国改革开放和社会主义现代化建设大局。

第一节

“第一个吃螃蟹”

中国经济特区的横空出世就是一个中央与地方密切互动的过程，邓小平等中央领导发挥了极其关键的倡导、决策作用[①]，同时这也离不开地方政府敢于结合实际，大胆设想，勇于实践。

1978年，党的十一届三中全会作出把党和国家工作重心转移到经济建设上来、实行改革开放的历史性决策。面对20世纪70年代末，“文化大革命”后满目疮痍的社会状况和持续不断的偷渡逃港潮，在广东省委主要领导习仲勋带领下，1978年10月广东省革委会形成了《关于宝安、珠海两县外贸基地和市政规划的设想》并上报国务院。1979年1月，广东省向国务院申请将宝安县和珠海县分别改设为深圳市和珠海市，3月国务院批复广东省“同意改设”。7月，《中共中央、国务院批转广东省委、福建省委关于对外经济活动实行特殊政策和灵活措施的两个报告》同意在深圳、珠海、汕头和厦门试办出口特区，发挥对全国改革开放和

① 樊纲等. 中国经济特区研究：昨天和明天的理论与实践[M]. 北京：中国经济出版社，2009：44–50.

社会主义现代化建设的重要窗口和示范作用。1980年5月，中共中央、国务院批转《广东、福建两省会议纪要》，正式将出口特区改称为经济特区。1980年8月，全国人大常委会通过《广东省经济特区条例》，深圳经济特区与珠海经济特区、汕头经济特区一并诞生。

深圳建立经济特区后，围绕计划经济向市场经济的体制转轨试验，在改革开放和创新发展中创造成千上万个“全国第一”：第一个实行建筑工程招投标制，引进第一家外资银行——南洋商业银行深圳分行，发行第一张股票，开设第一家私人律师事务所，第一个打破平均主义“大锅饭”工资制度，成立第一家完全由企业法人持股的股份制商业银行——招商银行，敲响中国土地拍卖第一槌（如图3.1），成立第一家股份制保险公司——平安保险，成立第一家外汇调剂中心，诞生第一个法

图3.1　1987年12月1日，深圳会堂（现深圳大剧院）敲响中国土地拍卖第一槌。图为当时使用的拍卖槌

人义工组织，开设内地第一家麦当劳餐厅，颁布全国第一部地方政府创业投资规章，被国家列为第一个国家创新型城市，第一个启动商事制度改革的城市，设立第一家互联网银行——微众银行，第一个实现公交全面纯电动化的城市，等等。

“第一次吃螃蟹的人是很可佩服的，不是勇士谁敢去吃它呢？”这句话是鲁迅先生在批判空洞的牺牲和虚浮的作风后给出的观点和建议。他先批评了“我们常将眼光收得极近，只在自身，或者放得极远，到北极，或到天外，而这两者之间的一圈可是绝不注意的”①，最后鼓励青年要把勇敢尝试和务实理性相结合，关注和解决现实的社会问题。今天我们说起敢于“第一个吃螃蟹”，往往把重点放到了“第一个”上，其实鲁迅先生是更强调务实和理性，不作无谓牺牲。从这个角度上再看深圳众多“第一个吃螃蟹”式的重大突破，是否又有了更深一层的理解？

① 鲁迅. 今春的两种感想[M]//集外集拾遗. 北京：人民文学出版社，2022：180-183.

第二节
把合理的合法化

曾任中国人民银行深圳经济特区分行行长的王喜义在其文章中讲过一个事情：深圳“由于外向型经济的发展，当时在外汇方面出现了一些新的情况：有些企事业单位出口创了外汇，但没有用途，有些企事业单位不创汇，却又需要用外汇进口原材料。为此有些企事业单位就私下串汇，甚至还出现了黑市。在这种情况下，有关部门批捕了几个私下串换外汇的企事业单位头头。后来又要批捕几个人，李灏书记没有同意”[①]。李灏回忆这个事情时说：“当时中纪委五室带领几十人，加上省里，有一支近百人的队伍，浩浩荡荡地来到深圳，任务就是打击外汇黑市买卖，还抓了一个贸易公司老总。有一个礼拜天，市纪委和市检察院的同志到我家里，要我批准对深圳特区发展公司总经理孙凯风、副总经理张西甫立案审查。特区发展公司当时是深圳最大的公司，出口一批商品，赚了一笔外汇，按规定，应去银行将这批外汇换成人民币，他们

① 深圳市政协文化文史和学习委员会. 深圳四大支柱产业的崛起·金融[M]. 北京：中国文史出版社，2010：56.

却私下将这笔外汇卖给另外的企业了。我跟他们解释说，这件事是合理不合法，外汇只在企业内部调整，老总个人没有从中牟利，因此不能抓，我们很快就会建立一个新制度，它就合法了。中纪委的同志很讲原则，把情况跟北京汇报后，队伍就撤走了。”①

为什么这件事合理呢？李灏回忆时也作了解释：“根据当时外汇管理条例，企业出口创下的外汇只能到银行去结汇，按照国家规定的牌价换算成人民币；进口需要外汇，也只能去银行按照牌价购买外汇。1979年美元公开挂牌价是1.5元，就是100美元兑换150元人民币，内部结算价是2.8元，外汇结算实行双轨制。由于换汇成本不断上涨，几年涨到三、四元，对进口有利，但对出口不利甚至亏损。”笔者的理解是，假设深圳一个企业生产的一个商品成本是3元人民币，出口国际市场能换1美元，如果按照当时美元公开挂牌价和内部结算价的平均值2元计，那么这个企业每出口一个商品换回的1美元强制结汇后就是2元，而成本是3元，那么它就亏损1元钱，商品毛利率为-33.3%。但当时换汇成本很高，李灏书记说“涨到三、四元”，也就是人们愿意用比国家的外汇挂牌价、内部价更高的价格购买外汇。有资料披露，实际上当时黑市价格甚至超过10元。如果以正常的人们愿意支付的外汇交易价格4元计，那么这个企业每出口一个商品换得的1美元，就可以兑换人民币4元，这样减去成本3元，就赚了1元钱，商品毛利率就是33.3%，市场就会自发地做起这个“买卖”。这不难理解，当时由于国内处于短缺经济状态，使

---

① 李灏. 有了改革权当市长才有点意思：关于深圳几项重大改革的会议[N]. 深圳特区报，2008-05-05.

用外汇购买国外商品具有迫切的需求，而高估的人民币汇率和强制结汇制度却不能反映这种供需变化。这不仅助长了外汇使用的徇私舞弊和私下交易，更重要的是抑制了外向型工业出口创汇；既不利于解决外汇短缺问题，又不能发挥比较优势，实现工业经济内生发展。可以看出，这个涉嫌违法违纪的事件背后的深层次原因恰恰就是令深圳外向型经济发展不起来的最关键的制度性障碍。

对此，深圳市政府联合中国人民银行深圳经济特区分行，于1985年成立深圳经济特区外汇调剂中心，支持深圳的创汇企业和用汇单位外汇调剂交易，买卖双方自愿，价格随行就市，双方协商决定。事实上，这就是外汇交易的一个初级市场，用建市场的方法来解决外汇盈缺平衡问题。1987年，国家外汇管理局正式下文确认深圳经济特区外汇调剂中心的合法性，之后全国40多个城市都设立了外汇调剂中心。1994年，我国实施人民币官方汇率和外汇调剂市场汇率并轨改革，开始实行以市场供求为基础的、单一的、有管理的浮动汇率制度，并在上海成立全国统一的银行间外汇市场。从此，各地外汇调剂中心完成历史使命，逐渐淡出历史舞台。

第三节

争取中央支持不能“等靠要”

45年来，深圳之所以创造发展奇迹，重要的一个原因就是它没有把问题和矛盾上交中央，没有把困难和障碍推给时代，而是坚定履行自己肩负的使命，针对问题和矛盾、困难和障碍，敢闯敢试，砥砺前行，勇往直前。这对外展现的就是“首个”“第一个”“第一例”“先生孩子后领出生证”的众多改革突破。深圳市委原书记李灏认为：“深圳的改革，应该说并不是事先有一套很完整的方案才推开的，而是由于在发展建设初期，问题摆在了前面，非要去解决不可。任何一项改革都遇到这个问题，任何改革要等到统一认识得到一致认可，或者得到批准后才去做，是不大可能的。我们一直强调，实践最重要，探索和试验最重要。”①

例如，深圳设立经济特区之初如何利用中央政策、搞到开发资金，成为起步破局必须思考的问题。深圳积极借鉴了香港土地有偿使用、卖

① 李灏. 有了改革权当市长才有点意思：关于深圳几项重大改革的会议[N]. 深圳特区报，2008-05-05.

楼花预售商品房开发的经验，1981年出台《深圳经济特区土地管理暂行规定》，率先实行土地有偿使用制度，但当时的土地有偿使用仍以行政划拨为主，未能充分释放其商业价值。1987年制定《深圳经济特区土地管理体制改革方案》，实行土地所有权和使用权分离，所有权归国家所有，不准以任何方式转移，土地的使用权有偿有期转让，采取公开拍卖、招标、协议等办法出让土地使用权，允许土地使用权流通、转让、买卖与抵押，这就突破了当时国家宪法关于土地不能转让的硬性规定。当年年底，深圳敲下了新中国土地拍卖的第一槌；一年后全国人大修改了宪法，增加土地使用权可以依法转让的条款。

市场化土地有偿出让为深圳土地开发和城市建设筹集了大量资金。曾任深圳市副市长的邹尔康回忆："没有钱，只能杀出一条血路来。血路怎么来的？中央给了几项政策，允许外来资本，允许银行贷款，从各种渠道筹钱。后来才知道钱能生钱，这个理念是香港人带进来的。"他举例说，有个外商在深圳建一个楼，规划是建5层，第3层建好了，就开始卖，一路建，一路卖房子，就这样滚动。"钱能生钱，这就是市场经济。"[①]

再如，奠定如今深圳城市地位的重要基础设施——深交所的设立也与当时要促进外向型经济发展的举措大有关系。深圳市委原书记李灏回忆："1988年，我去英国、法国、意大利三国考察，证券市场只是其中考察的一项。在英国伦敦，香港新鸿基证券公司帮我们组织了一个投资座谈会，我代表市政府讲话，欢迎英国金融投资家到深圳投资。英国一

① 郭芳.亲历者吴南生 邹尔康 深圳特区：杀出一条血路[J].中国经济周刊，2018（39）：50.

家基金公司经理说，我们不能直接投资你们的工厂企业，只能买你们的股票。他提出的问题对我们来说，很新鲜。当时深圳发展银行股票还是柜台交易，交易量很大，但柜台交易是不行的。回到香港，我就考虑深圳证券市场体系建设问题。”①

而深交所的设立和最初几年发展却是异常曲折的。1988年11月深圳市政府正式下文，成立深圳市资本市场领导小组，研究和推动证券市场构建、培育和发展。1989年8月初步形成《深圳证券交易所筹建资料汇编》，11月深圳市政府下达《关于成立深圳证券交易所的批复》，抽调王健、禹国刚负责筹建工作。然而，在1990年3月深圳股份制改革后，一些公司股票出现了从无人问津到交易狂热的转变，成交量急剧扩大，黑市交易抬头，市场乱象出现。之后，党中央和国务院先后派出了三个调查组到深圳调查，深圳市委、市政府也采取了系列治理整顿措施，其中加快建立证券交易所和证券登记公司，就是两项关键措施。但深交所的批准申请申报并不顺利，4月深圳已把报告上交至中国人民银行，到11月仍未能批复。11月22日，深圳市委书记李灏、市长郑良玉、分管副市长张鸿义以及中国人民银行深圳分行行长罗显荣等领导到深交所现场办公调研，现场拍板了深交所于12月1日试营业。于是深交所和深圳证券登记有限公司在1990年底先后试营业，12月1日深交所留下了王健和禹国刚敲钟的历史性场面，但深圳市委、市政府领导却没有到现场祝贺。为什么？张鸿义后来回忆说：“我们想低调，要知道你偷偷地生了

① 李灏.有了改革权当市长才有点意思：关于深圳几项重大改革的会议[N].深圳特区报，2008-05-05.

孩子，没必要还敲锣打鼓地告诉全世界。关键是先把孩子生下来，让他存活下去，然后再敲锣打鼓，这应该是整个的思路。”①

就在深交所试营业后没几天，深圳股市出现了由热到冷的大转弯，1991年4月的一天甚至出现了零成交局面，加之传出国家派人调查深圳股市的消息、深交所实行涨落停板办法，以及之前股市狂热时限制公务员炒股防腐措施又被个别人用于误导舆论，诱发了市场的不满和对政府的责难。对此，深圳市政府采取了取消涨落停板制度，建立平准基金，下调印花税等系列措施，至当年9月，深圳股市终于摆脱了第一次熊市的苦恼。

1992年，小平同志南方谈话后，全国股份制改革和参与证券市场投资上市的大潮兴起，深圳股票发行认购抽签的方式又引发了百万人涌入深圳的抢购风波和社会事件——这就是新中国股票史上惊心动魄的“8·10”风波。最终深圳市委、市政府临时紧急决策，以增发和加印股票认购表方式得以平息。

现在我们觉得，中央1991年批复在深圳设立证券交易所是再正常不过了，但想想那时的深圳，虽然是五大经济特区之一，但其1990年GDP远远不及上海、北京、广州、天津、重庆，在国内各大城市中仅排名第19位，人口规模也不足200万。如果那时的深圳没有敢闯敢试、敢为人先、埋头苦干的精神，那么这个现如今让各个城市都梦寐以求的证券交易所绝不会“花落深圳”。

深圳经济特区发展至今天，仍有很多人说，深圳是依靠中央政策支

① 参见张鸿义整理的《见证粤港澳大湾区历史巨变》，第216页。

深圳特區報

邹家华副总理表示
国务院和有关部门将助粤
赶超亚洲发达国家和地区

东方风来满眼春
——邓小平同志在深圳纪实

全国农村出口产品在深展销

海关总署署长戴杰称
延长口岸开放时间海关将予支持

为农村工业化开新路
中国乡镇企业委员会在深宣告成立

东方风来满眼春

深圳证券市场行情

深圳宝安汇都汽车酒店招工启事

■ 图3.2　1992年3月26日，《深圳特区报》发表了《东方风来满眼春——邓小平同志在深圳纪实》的长篇通讯

持，是上级安排和指示的结果，是要啥给啥、要啥有啥的结果。笔者觉得，说这话的人就是有典型的计划经济时代“等靠要”思维的人。为什么这么说？我讲一个小故事。前几年，内地某市看到深圳试点跨国公司本外币一体化资金池业务，于是也向中央争取获得跨国公司本外币一体化资金池业务试点。可当中央批复后，其相关人员向我询问：本外币一体化资金池业务是什么？能否介绍一个深圳的应用场景，他们带队来考察学习一下这个政策到底有何用？这就是眼红别人而不考虑自己实际、“要”来的政策，它并不一定会给当地带来真实的政策红利。更深层次

地讲，很多地方发展得不好，是由于其改革发展的逻辑本身就是混乱的，他们不是从自己的需求出发，而是盲目地抄袭模仿别人，搞了很多的形式主义行为、形象工程，之后又在“时间的裁判席”上呼啦啦地倒塌掉。

从这个意义上讲，向中央的“等靠要”就是地方缺乏担当、懒政怠政的一种表现。一种情形是地方政府不担当、不作为，仅执行中央的安排，就没有决策风险；还有一种情形是地方政府不主动，不思考，等着中央帮忙把改革创新的方向、路径、政策都设计好、安排好。可是天底下哪有如此多的好事？“深圳奇迹”的背后，虽也有千夫诺诺，但仍有多士谔谔。这里也向深圳那些敢闯敢干的开拓者们致以深深的敬意！

第四节
有为与有位

社会上时不时出现深圳失去特区光环的担忧，我们在一些文章中可见，也在市井老百姓的谈论中可闻。然而，深圳建立经济特区，一路走来，这座城市的功能和地位还真不是事先由国家规划好，自上而下赋予的，而是它按照党中央决策部署的大方向，自己开动脑筋，认识规律、把握规律、应用规律，超前改革，创新试验，埋头苦干出来的。事实上，“有为”是一个过程，“有位”是过程的结果；“有为”是内在的、可控的，“有位”则是外在的、可遇不可求的；“有为”是第一位的，“有位”是第二位的，否则，即便“有位”也会因“无为”而得而复失。一个城市也好，一个人也好，要有“有位必须有为，有为不必有位”的格局，才可能有可持续的、更长远的大发展。

20世纪90年代，针对“特区不特”的重大挑战，深圳市委、市政府把高新技术产业作为城市主导产业，加快了“三来一补”加工贸易的转型升级。那些年，一些来深圳考察的人，对深圳发展高新技术产业嗤之以鼻——你深圳既没有国家级的大专院校、科研院所，又没有国家级的大型企业、人才队伍，还敢发展高新技术产业？然而，之后深圳以企业

■ 图3.3　矗立在深圳市莲花山山顶广场的邓小平铜像彰显了深圳奋力向前、开拓进取的精神

为主体、以市场为导向的科技创新爆发的科技力量，足以让国人、世人惊叹。2018年中美贸易摩擦后，民间戏称“中美贸易摩擦是美国与中国深圳南山粤海街道办的冲突”，无疑映射着深圳强大的市场力量、科技力量。实际上，深圳自20世纪80年代末期培育发展高科技20多年、自90年代中期举起高新技术产业大旗10多年，到2008年国家才将深圳定位为国家创新型城市。

2002年“我为伊狂”在题为《深圳，你被谁抛弃？》的文章中说：“但是作为国内的区域金融中心，深圳的条件显然不如广州，如果与香港携手似乎没有必要。如果我们从更广阔的视角来看，深圳金融业实际上折射出了深圳经济的尴尬，即地缘经济的局限性——夹在香港和广州之间，香港是中国面向世界的窗口，广州则是华南的门户，珠三角的枢纽，而深圳呢？”事实上，不论是金融业增加值、金融资产总规模、金融市场交易额，抑或是互联网银行、网络支付、线上消费金融等新兴金融发展，深圳金融大幅超越了广州，在风险投资、数字金融等领域也领先于香港。

我们再看看深圳和广州这一对广东“双子星”城市竞相发展的一个事实。2018年官方披露，2017年深圳的GDP超过广州，后来经过几次经济普查数据调整后，据《广东统计年鉴·2023》，深圳的GDP超过广州的时间是在2012年。记得2018年深圳市统计局快报数据刚出来时，部分网友对统计数据有质疑。而深圳市统计局也随后在其官网发布《新春洪福，走近走进解读解构深圳GDP》文章予以回应。现在再看，“青山遮不住，毕竟东流去”，事实已比较清楚了，几乎每次经济普查得出的深圳经济数据都会有所增长，这也很符合这个城市“埋头苦干”的特性。深圳经济特区就是要探索中国特色社会主义市场经济，就是要解放和发展社会生产力，正是一代代的特区建设者不忘初心、居安思危，不图虚名、不务虚功，创造性落实中央的决策部署，使其实现了势不可挡的崛起。

以开放促改革促发展

熵增原理表明，任何独立封闭系统都会从有序走向无序、从兴盛走向衰败。深圳经济特区的建设就是立足于反抗“熵增”，发挥和利用毗邻港澳优势，高效对接“两个市场、两种资源”，引入国际资本，引入先进技术，学习管理知识，集聚要素资源，通过导入市场取向的各类主体和市场制度信息，加快冲破思想观念的障碍，突破利益固化的藩篱，推动体制转轨、制度改革和市场化发展，形成体制和政策的优势落差，实现爆发式增长，产生示范性作用。

第一节
“三来一补”

“三来一补”是我国内地企业与包括我国港澳台地区企业在内的外商开展的来料加工、来样加工、来件装配和补偿贸易四种经贸合作方式的总称，是由外商提供设备、原材料、来样、零部件等，由内地企业提供工地、厂房、劳动力，按照外商要求组织生产、加工装配，全部产品外销，内地企业收取加工费的一种贸易方式。时至今日，来料加工、来件装配、补偿贸易等加工贸易仍然占据着深圳乃至全国对外贸易的相当比重。而“三来一补”常常被舆论暗指是低端和低附加值产业的代名词，也许大多情形确实如此。但先贤教导我们说，“合抱之木，生于毫末；九层之台，起于累土；千里之行，始于足下”。深圳产业发展就是从“三来一补”起步的。人们常说“一口吃不成一个大胖子”，反观那些试图一上来就要“皇冠上的明珠”者，往往事与愿违，适得其反。

早在1978年底，深圳第一家“三来一补”企业就已诞生，它就是宝安县的石岩上屋热线圈厂（以下简称“线圈厂”）。由深圳轻工工艺品进出口支公司、石岩公社上屋大队加工厂与香港怡高实业公司，签订中国内地首份开办来料加工厂协议书（协议书编号为“深轻宝第001

■ 图4.1 1979—1988年，广东的“三来一补”贸易占全国份额最大，是带动广东劳动密集型加工业兴起的突破口

号”）。随后深圳掀起“三来一补”发展大潮，“三来一补”企业如雨后春笋般发展起来，对深圳经济的起步和跨越式发展产生了巨大的推动作用。

为什么如此高度评价“三来一补”？从线圈厂开办伊始和后续发展就可见一斑。第一，线圈厂开办的决策是一场解放思想的斗争，“当时上屋大队党支部内存在两种思想斗争，持赞同意见者认为，引进‘三来一补’企业能提高村民收入和改善村民生活，而持反对意见者恐引进‘三来一补’企业会被视为‘走资本主义道路，帮资本家剥削工人’。在分歧下，上屋大队党支部七名支部委员举手表决，其中四人举手同意引进，按照少数服从多数原则，上屋大队党支部最终决定引进‘三来一补’企业，并与深圳轻工工艺品进出口支公司对接后续工作”[①]。

① 彭艳艳.深圳第一家“三来一补”企业创办始末初探[J].特区实践与理论，2020（3）：91.

第二，线圈厂开办伊始，洗脚上田的农民要转变为工人，也需要适应。“他们一开始并不适应工厂的生产作业规范，常常有女工抱着孩子来上班，有人家里需要做饭、收割时就跑得不见踪影。”当时来深设厂的香港人冯志根介绍，“毕竟什么事情都是需要一个发展过程。因此，当时我们只是想着在一定的时间内培育起一个可以解决香港公司面临困难的后援基地，所以，我们并不为低成品率而感到悲观，而是继续加强培训。只有产品通过最严格的检验，合格了，才能算成品，这就保住了产品质量之根本。”① 当线圈厂走上正轨后，工人一个月就能赚到一两百元，相当于以前一年的务农收入，村民争相来厂工作。

第三，彼时的“三来一补”代工厂可能成为此时的高新技术本地法人企业。1978年线圈厂工人首批30人，到1979年就扩大到70人，到1988年变更厂名为深圳电业制造厂有限公司，1989年4条生产线同时开工，工人增加到400多人。1993年，在深圳市政策引导下，公司由“三来一补”企业转为独资企业，更名为上屋电业（深圳）有限公司。2003年又在深圳龙岗大工业区建厂，并改名为全能电业科技（深圳）有限公司，走上了高新科技企业的发展路线。

事实上，在深圳像线圈厂这样的转型升级历程并不是个例，比亚迪、航盛电子、艾美特电器等很多知名企业都有“三来一补”的经历，很多知名企业家也是从打工仔和打工妹做起。由此可见，深圳建立经济特区之初的产业发展，靠“三来一补”引入资金、引入技术和引入外商人才的同时，也给这里的人们上了现代工业发展的重要启蒙课，从如

① 周元春.一纸协议推开全国“三来一补”工业大门[N]. 深圳特区报，2008-04-10.

何做合格的工人，如何做现代的企业，如何做成功的生意，发展到如何融入国际经贸合作和参与国际市场竞争等等。更重要的是“三来一补”最大限度地利用了深圳当时的资源禀赋条件，带来的经济效益和赚钱效应，吸引了更多的人和资本参与其中，点燃了深圳后来发展的熊熊烈火。

对此，熟悉深圳情况的一些人可能会以袁庚在蛇口工业区设立之初就强调“三个为主，五不引进”予以反驳：“产业结构以工业为主，资金来源以外资为主，产品市场以外国为主；来料加工不引进，补偿贸易不引进，残旧机器设备不引进，不能处理的污染工业项目不引进，占用国内配额的项目不引进。”笔者却认为，这恰恰是深圳之所以创造发展奇迹的一个细微之处，那就是调动群众力量和智慧，因地制宜，不搞“一刀切”。大而泛之看，“三来一补”对设立经济特区之初的深圳发展确实重要，但某些资源禀赋条件好的区域，却未必一定要从“三来一补”起步。当时深圳村集体、县区部门乃至深圳市委、市政府对市场经济都有一个了解学习的过程。对主导开发蛇口工业区的招商局而言，其在市场经济充分发展的香港早已耳濡目染，完全有实力、有经验使蛇口工业区跨越“三来一补”阶段实现更高能级的发展。

第二节
蚂蚁理论

司马迁在《史记》中记载了一句经典名言："天下熙熙皆为利来，天下攘攘皆为利往。"1981—1985年任深圳市委书记的梁湘有句名言："贯彻'平等、互利'的原则，让第一个蚂蚁尝到甜头，就会引来无数的蚂蚁；如果第一个蚂蚁吃了苦头，其他的蚂蚁就会对特区望而却步。"[①]而同时代的袁庚在蛇口工业区唱响的那句"时间就是金钱，效率就是生命"的口号，就更加广为人知了。20世纪90年代任深圳市市长的李子彬在其《我在深圳当市长》一书中讲了一个段子："一个歹徒发往家乡的电报上只有6个字——'钱多人傻速来'，一度成为全国人民调侃深圳人的流行语。"[②]而现在人们仍在调侃深圳人"不是在搞钱，就是在搞钱的路上"。这足以反映，深圳经济特区的开发建设从一开始就处处体现了对历史、社会和人性的深刻洞见，以及对利益、金钱的不一样认识。

---

① 黄萍.忆梁湘[N].深圳晚报，2013-02-19.

② 李子彬.我在深圳当市长[M].北京：中信出版社，2020：3.

中国数千年的传统文化耻于言利谈钱，长期忽视经济社会运行的底层规律，极大抑制了现代工商业的萌芽和发展，这成为经济特区开发建设初期必须冲破的冰封的思想认识。特别是梁湘的“蚂蚁理论”影响极大。当时特区决策者们从来深圳的投资者、工作者的利益出发，设计政策和改革措施。人才住房政策、建筑工程招投标制度、土地使用权有偿转让探索以及劳动合同制、结构工资制等一系列改革突破，使深圳不仅平均工资远远高于内地平均水平，更重要的是让深圳成为一个突破传统体制与文化禁锢的、昭示可改变人生境遇之预期的独特地方。

笔者曾在2023年有幸与深圳市原副市长朱悦宁一同参加会议，听他说到了一件事情：某重点开发区域的领导想请他介绍深圳经济特区的经验，其间他语重心长地告诉对方，要相信市场，市场经济所爆发的力量远远超出人们想象，深圳的成功就是最大限度地释放了市场的力量。后来我们实际参与了这一区域相关的课题研究，可以看到这个区域的开发至今不尽如人意，很多人把问题归为“时也运也”。也许他们有一定的道理，但本质的问题是，这个区域开发的底层逻辑并不那么可靠，他们不仅忘了司马太史公的忠告，也没有真正学到之前经济特区开发建设的成功之道。

还曾有家乡的朋友让笔者给家乡的经济建设也出出点子，笔者向他们转述了朱悦宁的一番话。有人追问，如何释放市场的力量？笔者于是把《深圳口述史》中朱悦宁的一篇回忆文章《为自己能到深圳工作而自豪》转发给他们，随后笔者也发了一段自己的理解和认识：“我们县城有个地方，在公路两边形成了一个自然的集市，逢年过节就容易阻塞交通。于是县政府就在另外一个地方规划了一个新的交易场地，然而意想不到的是，路两侧依旧熙熙攘攘，新场地却无人问津。如何释放市场的力量？一是规范秩序但别越俎代庖，市场自发形成的集聚有其内在机理，政府可以疏解交通、增加停车设施等，但硬性迁移市场成功的概率极低。二是培育多元市场主体，别啥都让国企承担，市场的形成、创新的活跃、经济的发展，是要靠有赚钱和止损动机的市场主体的。事实上当潮水退去时，大家看到经济尚可的地方，除去资源上涨带来红利的地区外，都是民营企业强的地方。三是天天宣传各种‘阴谋论’，喊各种的口号，没有任何意义，倒不如学习40多年前的深圳，搞国企股份化改革，现在叫混合所有制改革，开放政府控制的旅游资源和数据场景，企业多了，市场活跃了，就会有产业发展和科技进步。”

第三节
向香港学习

早在深圳经济特区设立时，香港就已是全球著名的自由港和繁华的国际化大都市，具有较为成熟的市场经济体制机制。深圳利用毗邻香港的优势，快速引入市场经济的有关信息和知识，借鉴学习甚至直接移植香港市场经济的成熟制度，进而产生了更加广泛而深远的诱致性制度变迁。深圳土地拍卖制度、劳动合同制度、证券市场建设、政府法律顾问、前海政策设计等众多超前改革试验，背后均有香港专业机构或人士的支持和帮助。从公开资料我们可以获知的有，市委原第一书记吴南生曾请南洋商业银行董事长庄世平等香港友人收集关于经济特区的信息和建议；市委原书记李灏曾请新鸿基证券董事长冯永祥帮助筹建深圳证券市场；曾做过香港特首的梁振英，年轻时为深圳20世纪80年代的开拓者们长期义务介绍香港的土地使用制度、房地产和规划等方面的经验，还参与了深圳特区首个城市规划编制以及深圳首次土地拍卖筹备工作[①]；

① 梁振英谈深圳特区30年：敢问、敢想、敢学、敢做[EB/OL].（2010-08-23）[2025-03-05]. http://cn.chinagate.cn/economics/2010-08/23/content_20770255_4.htm.

等等。

伴随着深圳经济特区经济腾飞，深圳对香港的制度学习借鉴迈向了产学研、服务业以及教育医疗等更广更深层面，建设了一批深港合作战略平台，探索市场经济的更高制度文明。1999年深圳市政府与北京大学、香港科技大学三方合作设立“深港产学研基地”；2007年深港两地政府签署“深港创新圈”合作协议；2010年规划建设前海深港现代服务业合作区发展现代服务业；2012年香港大学深圳医院正式在深圳运营；2014年经教育部批准设立香港中文大学（深圳）；2017年深港政府公布深港科技创新合作区建设规划，2023年国务院印发《河套深港科技创新合作区深圳园区发展规划》，2024年香港特别行政区政府公布《河套深港科技创新合作区香港园区发展纲要》。

早期深港产业合作是典型的“前店后厂”模式，香港利用其国际贸易窗口优势，承接海外订单，负责设计、营销和质量控制，承担“店”的角色，深圳则利用土地、自然资源和劳动力优势，进行产品的加工、制造和装配，承担“厂”的角色。以2003年《内地与香港关于建立更紧密经贸关系的安排》（CEPA）签署为标志，深港两地经贸互动更加密切，合作从制造业扩展到金融、科技、社会服务等更加广泛的领域。正是深港之间日益密切的资本融合、人员交流和合作平台建设，使得深港企业可以在深港之间更加便利地优化资源配置，构筑核心竞争优势，在宏观层面上则表现为两地经济结构和产业呈现了互补性发展态势。截至2023年底，在深圳的香港投资企业户数、实有投资总额、注册资本外方投资额在深圳全部外商投资企业中均超过了40%，而且从2023年当年数据看香港资金本期登记投资总额等指标所占比重大过存量数据，预示着深港之间的商业存在的服务贸易是预期强化的（如表4.1）；深圳与香港货物贸易的进出口联结，虽然从2013年以来呈现下降的态势，但2023年深圳对香港出口额占深圳出口总额比重仍有25.3%，深圳与香港进出口总额占深圳进出口总额比重仍有16.4%（如图4.2）。

表4.1　2023年外资企业在深圳工商登记情况

项目	期末实有户数/户	期末实有投资总额/万美元	期末实有注册资本/万美元	
			总额	其中，注册资本为外方出资
全部外资	73 535	59 743 298	41 795 082	22 351 088
香港资金	30 280	28 776 226	16 522 404	10 809 205
香港资金所占比重	41.2%	48.2%	39.5%	48.4%
项目	本期登记户数/户	本期登记投资总额/万美元	本期登记注册资本总额/万美元	其中，注册资本为外方出资/万美元
全部外资	7441	781 017	780 027	564 706
香港资金	2779	383 366	359 673	312 679
香港资金所占比重	37.3%	49.1%	46.1%	55.4%

数据来源：深圳统计年鉴。

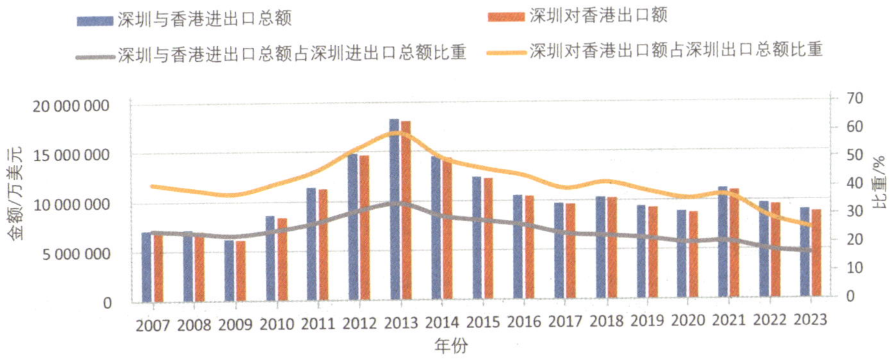

图4.2　深港外贸进出口往来情况
（数据来源：深圳统计年鉴）

因此，“向香港学习”之于深圳过去、现在和未来的发展，不仅仅是一句口号，而是有一系列的制度和平台安排、两地人员的频密交往和两地经贸的高度合作。虽然深圳发展至今经济规模总量已超越香港，也有香港所缺乏的一批具有世界影响力的高科技企业，但如果从人均、地均产出的角度看，深圳与香港仍有巨大的差距。未来深圳即便在人均、地均上也能赶上乃至超过香港，也应知道“尺有所短、寸有所长”的道理。正如外地人并不能一下子看透深圳崛起的经验，深圳也未必能完全体悟到香港发展的真谛，必须继续“择其善者而从之，其不善者而改之”。

现在的前海深港现代服务业合作区已经成为深圳重要的开放开发平台，有特殊的制度和政策安排，而这些特殊制度和政策安排一定程度上就是向香港学习的结果。例如，2012年国务院发布的《关于支持深圳前海深港现代服务业合作区开发开放有关政策的批复》，批复了前海最

图4.3　开发建设前海深港现代服务业合作区是支持香港经济社会发展、提升粤港澳合作水平、构建对外开放新格局的重要举措

早的“22条”政策。其实这些政策就是对标学习香港，广泛收集对前海深港现代服务业合作区有兴趣的港资、港企、港人意见而形成的。前海深港现代服务业合作区管理局首任局长郑宏杰回忆：“其实，前海刚开始提出的政策有50多条，本着先易后难、先简后繁的原则，经过有关部委反复讨论，最终国务院批复了22条。最初的政策拟定，我们很多都是借鉴香港方面的经验，再结合内地改革开放的需求，既要吸取，又要创新，更要切合实际。我们广泛地听取和收集各行各业的意见，将建议归纳整理，找部门商讨，找专家论证。因为涉及金融、法律、教育、人才、信息多方面政策，很多建议要到部委层面沟通和汇报，需要国家层面来认可，最多时一个星期跑三趟北京。”①

① 郑宏杰．在前海实现自己的梦想和价值[M]//戴北方，林洁，王璞．深圳口述史2002—2012：中卷．深圳：海天出版社，2020.

第四节
干中学

高新技术产业、金融业、物流业、文化产业是当今深圳的四大支柱产业，人们不禁惊奇为什么一度被称为“科技荒漠”“文化沙漠”的深圳，还能够成长为科技之城？其中的一个奥妙就是“干中学”。一个地方发展起点的高低其实并没有那么重要，关键在于能否持续发力和形成一个良性循环。我们常说的后发优势，即落后国家或地区要学习模仿发达国家或地区所积累的技术知识、制度文明和经验教训，从而少走弯路、少摔跟头、少犯错误，进而实现更有效率和更加明智的发展追赶。

深圳经济特区建立初期，充分利用了陆路直接联结香港的地缘优势以及深港紧密的人缘、亲缘关系，率先引入香港资本、管理人才、技术人才、市场信息等当时内地稀缺的生产要素资源，以“三来一补”方式承接中国香港、中国台湾、新加坡和韩国“亚洲四小龙”转移的劳动密集型产业，快速融入全球经济体系，参与世界经济分工。换而言之，这就是获得了“干中学”这一千载难逢的机会，一批面向市场设立和成长起来的企业，在市场的激烈竞争中相互学习、模仿和创新，全力做强做大，不断优胜劣汰，进而引起深圳产业持续裂变和转型升级，新动能不断涌现，发展质量持续提升。

深圳许多知名企业创始人均有从事进出口贸易或在外资企业工作的经历，这使他们获得了国际贸易、企业管理、市场经济的直接经验和知识，诱发并激活了他们的创新创业热情，更重要的是，让他们从一开始就拥有了全球视野和市场思维，敢于在全球竞争和分工协作中学习和超越。以华为为例，其创始人任正非集资创建华为公司，先是靠代理香港一家公司的程控交换机获得了“第一桶金”。当时，国内电信行业蓬勃发展，对程控交换机需求巨大，但与此同时，国内市场又被“七国八制”的国外产品长期垄断，代理交换机业务竞争异常激烈。1987年，在华为公司成立后半年内，深圳就涌现出大大小小上百家代理公司。任正非在代理销售程控交换机过程中，敏锐意识到了自主研发的巨大市场机会。于是华为公司开启了一次巨大的转型冒险，倾其所有投资、高息拆借贷款、员工持股融资，招兵买马，聚人聚才，成功实现从“代理商”到“制造商”的生死蜕变。此后华为更是长期坚持开放创新，向国际规则靠拢，向西方管理学习，汲取一切有益于自身发展的经验，特别是1997年华为公司全面引入IMB-IPD集成产品开发流程和方法，不惜“削足适履”推动大规模组织变革，形成了基于IPD的高效研发管理体系，这成为华为接下来不断创造科研奇迹的一个重要的基石保障①。任正非说过，“拿来主义是好东西，西方已经成功了的管理思想、技术，我们为什么要拒绝呢？先僵化，后优化，再固化，这是华为必须走的过

① 《改革开放与中国企业发展》编写组. 改革开放与中国企业发展[M]. 北京：社会科学文献出版社，2018：1067-1090.

程”[1]。

当前，在深圳的创新创业者开始更多拥有海外学习生活背景，开始更多拥有更高科技知识水平，也开始更多拥有华为、中兴、腾讯等深圳本土头部企业的工作经历。伴随着深圳产业集群形成发展和经济密度的提升，“别人能干的我也能干”的表象复制“干中学”仍有市场，“别人能干的我跟他干”的网络协同“干中学”欣欣向荣，“别人能干的我跨领域干”的跨界移植“干中学”比比皆是。在深圳，“干中学”模式正向更加丰富多元的方向演化，个体学习行为与集群知识网络、技术范式跃迁、制度环境变革形成了更大强度的协同共振。

而投资兴业、发家致富、转型升级的机会也使大量怀揣梦想的人真正看到了知识就是力量。我第一次看到深圳市摄影家协会顾问周顺斌的一张标注为“1984年初夏一位母亲带着儿子上夜大”的照片时非常感慨。深圳创富的氛围使这里的人们更加不甘于现状，愿意通过学习提升自己，实现更好的发展。如从更高维度审视，这是人们面对喷涌而来的机会所作出的一个反应，是这个时代的一种集体奋斗精神和文化现象。2024年《光明日报》有一篇报道深圳的文章说得好：“如今，读书是无数深圳人创新拼搏、逐梦人生的基本途径和必要方式——深圳每年开展公益阅读活动2万余场，人均购书量连续33年保持全国领先。”[2]

① 田涛，吴春波. 下一个倒下的会不会是华为：故事、哲学与华为的兴衰逻辑[M]. 北京：中信出版社，2015：110.

② 党文婷，严圣禾. 书香深圳，香自何来?[N]. 光明日报，2024-11-02（2）.

第五节
到全球经济大海中搏击

很多时候没有大鱼，不是鱼苗质量的问题，而是鱼塘太小的问题。深圳45年的发展就是一个不囿于“鱼塘”，勇敢走向“大海”的过程。深圳这个经济体正是在与全球市场的持续互动中，锻造出了强大的适应能力和进化能力。

第一，务实用好国内外两个市场、两种资源。

我国改革开放之前，内地收入水平较低，导致狭小的消费市场；而狭小市场的局限，又导致无法发挥人口、土地等要素资源的比较优势去最大限度创造价值和财富。深圳经济特区建立后，便捷地直接借助香港全球贸易与航运网络，对接全球市场，发展对外贸易，利用内地低廉的土地、丰富的人口等要素禀赋，推动经济的快速起飞和社会的快速发展。且从全球范围看，深圳的崛起就是一个把握全球化浪潮高涨的战略机遇，顺势而为，乘势而上，在一个十分广阔的空间尺度，实现极速跨越的过程。

在20世纪80年代，依托国内土地、劳动力资源优势，以“三来一补”方式承接全球劳动密集型产业转移；到20世纪90年代，用好“干中学”经验，释放民营经济活力，顺势发展高新技术产业；到21世纪第一个十年，突出国家创新型城市建设，广聚国内外创新人才和资源；到21世纪第二个十年，建设前海深港现代服务业合作区、河套深港科技创新合作区等重大国家战略平台，整合全球资源，驱动高质量发展；到21世纪第三个十年，大力发展“20+8”产业集群，培育具有全球影响力、竞争力的更大规模科技创新和产业发展生态。

第二，虚心学习、构建和完善市场经济制度。

国际经贸规则作为国际经济合作和贸易交往的重要指引，对引导、规范和保障国际经济关系公平公正、高效履行市场契约合同、防范国际投资和贸易风险等具有重要意义。李灏在主政深圳期间有一个形象比喻，即要创造一个在社会主义制度下按照国际规则“打篮球”的场所。其核心含义就是在深圳建立一个符合国际惯例、实行公平竞争的市场经济体制，以实现与国际市场的接轨。如果不按照国际规则办事，就无法吸引外资、引进先进技术，也无法参与国际分工和竞争。反之，就必须大胆突破计划经济体制的束缚，建立社会主义市场经济体制。

也就是说，对地方政府而言，置身全球经济汪洋大海，确保地方经济的行稳致远，就必然要有一套适应全球竞争合作的规则和制度。不止一个朋友曾问笔者，为什么深圳政府总能推出令人耳目一新的市场改革的措施和行业发展的政策？笔者的回答是，因为深圳有千千万万的企业在全球市场中竞争与发展，深圳各级政府作为公共服务供给者，早已随之“躬身入局”，他们每天都会大量接触市场与行业的信息动态，获得问题、风险的高频反馈，因此他们的改革措施和创新政策绝大多数就是基于这些充分的、前沿的市场信号而酝酿制定，这显然就会比那些缺乏真实市场信号反馈的地方的措施和政策，让人感觉更新颖、更超前和更有智慧。

第三，让深圳企业超越边界、自由成长。

对深圳企业走向全国、全球市场不人为设限，本地培育成长的广大企业得以在更大空间，把握发展脉动，优化资源配置，扩大销售规模，构筑核心竞争优势。1999年，深圳市创新科技投资有限公司（简称“深创投”，为深圳市创新投资集团前身）设立时，有7亿元的注册资本，但政府并没有要求其必须有多少比例要投到深圳本地市场。恰恰是这样的宽容，让一个地方国资创投企业在全国科创发展的汪洋大海中，成长为国内首屈一指的创投机构和创投人才的“黄埔军校”。

对于华为在东莞松山湖设立基地，有人抱怨，要是深圳当时能下定决心给华为在深圳找一个合适的空间就好了。笔者是如此回应的，假如从一开始我们就对华为要政策给政策、要空间给空间，把华为的所有投资、所有业务都留在深圳，华为还能是当今全球的科技巨头吗？事实上，华为的创始人任正非早就意识到在全球化时代只有建立起全球性商业系统，方能生生不息，他说：“市场经济的最高形式，就是经济的全球化，这是不可阻挡的历史必然。资本在寻找、在有优质基础的地方发展，它像候鸟一样，总在不断寻找丰美的水草。”[①]深圳之所以能成为奇迹，外地人知不知道真实的缘由可能是其次的，如果自己人都忘记了自己走过的路，那么这个奇迹可能就会成为那划过天际的流星。

---

① 参见任正非文章《市场经济是最好的竞争方式，经济全球化是不可阻挡的潮流》。

坚持市场取向的制度改革

深圳经济特区建立45年来，长期坚持了市场取向的改革方向，积极探索建立和完善社会主义市场经济体制机制，发展和丰富各类市场参与主体，不断调整优化匹配市场经济发展的政府职能，培育了市场配置资源和激励创新的强大力量，为经济特区事业提供了不懈发展动力。

第一节
已知但不清晰的目标

2009年初，樊纲院长带领中国（深圳）综合开发研究院专家团队出版了《中国经济特区研究——昨天和明天的理论与实践》一书，其中他从转轨经济学的角度对改革开放和经济特区建设作了理论分析和探讨。假定存在两种不同的体制A和B，制度经济学就是研究无论A还是B的内容、特点、运行方式、产生原因等，可标注A或B；比较经济学就是对A和B的制度特征进行比较，但不一定评判优劣，可标注A∩B；制度经济学的制度变迁理论则研究诱使制度变迁的因素、利益动机和过程演化，可标注A→B；转轨经济学同样是一种制度变迁理论，但与制度经济学变迁理论不同的是，制度变迁理论的制度变迁目标开始时是未知的，而转轨经济学的制度变迁目标开始时是已知的，可用（ ）表示已知，标注为A→（B）。樊纲院长认为，苏联和原东欧社会主义国家后来从计划经济到市场经济的制度变迁就是典型的转轨经济学范畴，而中国的改革开放当然不同于苏联和东欧的激进做法，“市场经济的很多制度在当时中国的各种条件下无法实施，甚至在开始的时候无法把市场经济纳入官方语言，但在许多人的心目中至少是想要市场经济的那种运行方式和它所能产生的那种经济效果”。正是由于大致已知的目标还不那么清晰，“我们当今的‘改革’，一定也是一个‘开放’的过程，是一个向别的国家学习、与国际规则接轨的过程。没有开放，无法理解改革，也无法解释改革”。因此他认为：“经济特区本质上可以是在全国改革的目标模式还不很明朗时，最先以某种（任何一种）已经存在的经济体制为学习目标的特殊体制试验区域，为全国‘探明’体制改革的目标模式。我们甚至可以在理论上假设：如果世界上存在5种不同形式的市场经济，人们一开始不确定哪一种更适合本国国情。这个国家就可以设5个以不同形式的

图5.1　深圳改革开放展览馆是全国首个以改革开放为主题的综合性展览馆

市场经济为学习目标的经济特区，同时开始体制转轨，经过一段时间的竞争和比较，在这5种特区中选择一种最适合本国国情的推广到全国（当然也可能是结合5种特区的某些特点发展出了最适合本国的第6种形式，这也是转轨）。”[①]

深圳经济特区的改革演化恰恰能够印证樊纲院长的这一理论分析。20世纪80年代长期任深圳市副市长的周溪舞回忆：“改革开放初期对我国经济体制改革有过几种提法：开始提计划经济和市场经济相结合，以计划经济为主；接着提有计划的商品经济；后来又提在计划经济宏观控制下的市场调节，这种提法持续的时间比较长。当时也没有说经济特区可以搞市场经济，但是说过市场调节的范围和幅度在全国要小一些，在经济特区可以大一些。大一些是什么意思呢，我认为起码是50%以上吧，这样特区基本上就是搞市场经济。事实上深圳经济特区的改革一开始就是把市场经济作为取向的。”他还分析了三大原因：一是没有经济基础的深圳大搞“三来一补”、外商投资，本身就不可能以计划指令组织生产，内联企业走向国际市场也是同样的道理。二是当时中央要求特区按国际惯例办事、与国际市场接轨，除搞市场经济外没有第三种形式。三是中央要求特区做“试验场”先行一步，就是要求做计划经济到市场经济的试验[②]。翻阅记录深圳发展的历史文献，笔者时常感慨万分，“敢闯敢试，敢为人先，埋头苦干”的特区精神是有一个重要前提的，那就是先要有一批冷静理性、通透明了的特区建设领头人。

① 樊纲等.中国经济特区研究：昨天和明天的理论与实践[M].北京：中国经济出版社，2009：4-6.

② 周溪舞.深圳经济特区初期的经济体制改革回顾[J].特区实践与理论，2006（4）：33-34.

第二节
不能忘了需求导向

深圳经济特区初期经济体制改革的大体过程是：按照“急需先改”的原则，从引进外资最需要的地方开始，然后按照和国际市场接轨的方向，形成从局部改革到全面改革、从初步改革到深化改革、从单项改革到配套改革这样一个发展过程。例如，引进外资、设立企业第一个问题是“怎么招工人，怎么发工资”，那么就推动劳动用工与工资制度改革，实施合同用工制度；第二个问题是“如何建厂房”，那么就催生了土地有偿使用制度以及后续土地使用权交易制度。解决引资设企后接着就遇到工业发展带来的人口增加，人口增加又导致商品短缺等系列问题，于是就有了利用特区政策、特殊公司国内采购商品保障物资供应。现在我们不要小瞧“特区自己采购商品”的小小突破，在深圳经济特区建立15周年时，中共广东省委拍摄的《中国特区》纪录片，有一段旁白进行了这样的总结：“当时的特区人可能还没有意识到，此一举动实际上已经打破了自50年代以来一直实行的三级采购、统购统销的流通体制，这一突破势必引起市场领域中的连锁反应。深圳的商品丰富了，但市场的价格却再也无法用行政命令来协调统一了。就是在这种情况下，深圳特区开始提出了按市场规律办事，改革商业、物资体制和改革物价管理，深圳的物价闯关比1988 年全国范围的物价改革整整提前了5年。”

以深圳如何利用市场机制解决蔬菜供应不足问题的探索试错为例。创办特区、人口剧增，蔬菜供应紧张，当时深圳认为不能提高蔬菜价格，否则老百姓承受不了，于是组织了5000名潮汕农民来深圳种菜，但菜价太低，农民不赚钱就不干了。这就陷入了一个悖论：“如果蔬菜收购的价格不提高，农民感觉无利可图，就没有积极性。如果提高了收购价格，就要提高销售价格，要提高销售价格就要提高职工工资，按照当时的财政状况又不能随便提高工资。如果不提高零售价格仅提高收购价格，就会出现价格倒挂。粮食倒挂， 油倒挂，蔬菜倒挂，地方财政倒挂不起。”[①]当时深圳采取的办法是：第一，松动蔬菜收购价格，但对群众购买多的提价少、对群众购买少的提价多；第二，支持果菜公司经营承包，以市场竞争提高效益，并由果菜公司自主平衡出口与内销、水果与蔬菜之间的盈亏；第三，鼓励长途贩运蔬菜，建设农批市场，扩大市场供应。加之工资制度改革和工资水平提升，这样深圳就从供需两端协同发力，以市场方式和改革手段解决了蔬菜供应不足问题。想想，我们后来若能采取供需两端协同发力的方式设计实施居住空间、产业空间的供给制度，也许深圳创造的奇迹会更加令人惊叹。

① 周溪舞.深圳经济特区初期的经济体制改革回顾[J].特区实践与理论，2006（4）：33-34.

第三节
从深交所诞生看改革螺旋突破

深交所作为全国性重大金融基础设施，已成为深圳这个创新城市最闪亮的一个标志，令很多内地城市艳羡不已。有很多其他城市的领导表示，如果当年中央把证券交易所放到他们当地，那么他们也能取得非凡的成绩。事实上，深交所在深圳设立的历程并不是靠简单的一个中央许可，也不是一个简单的敢闯敢干就能解释的，我们可从党的十一届三中全会说起。

党的十一届三中全会作出了把党的工作重点转移到社会主义现代化建设上来、实行改革开放的历史性决策。用更加通俗的语言来说就是“对内搞活，对外开放”。从这里开始就孕育着成立深交所的想法，因为深圳经济特区建立后，对内搞活经济就要对国营企业进行改革，把国营企业从行政机关的附属物转变为自主经营的经济实体。最初的办法是实行厂长（经理）负责制，扩大企业自主权，搞活企业经营。

然而，如此改革后的企业缺乏自我约束机制的问题就暴露了出来，对此行政主管部门亦无法及时监督管理，这造成了重大国有资产的损失。对此，深圳开始探索企业所有权与经营权分离，推行厂长（经理）任期目标责任制，对一些企业实行多种方式的经营承包制或资产租赁

图5.2　深圳证券交易所成立于1990年12月1日，是经国务院批准设立的全国性证券交易场所，受中国证监会监督管理

制。但经营承包、资产租赁不仅统计核算复杂、损耗漏洞大，而且经营中缺失产权利益代表，特别是谁来代表国有资产利益，因此企业的短视化和机会主义现象盛行。深圳要解决企业所有权、经营权分离所带来的问题，办法就是搞股份制，这样从企业经营层面的制度改革就深化到了产权制度层面。1986年深圳颁布《深圳经济特区国营企业股份制试点暂行规定》，1987年颁布《深圳市人民政府关于鼓励科技人员兴办民间科技企业的暂行规定》，深圳发展银行、万科等一批试点股份制的国营企业和民营股份制企业快速发展起来。

接着，由于众多的股份公司相继成立，公开发行股票的规模和参与交易的人数持续扩大，深圳承销和交易股票的需求大幅增加，带动了深圳的券商机构从仅有1家发展到1991年16 家18 个网点[①]。然而，即便券商机构增加解决了交易需求暴增问题，但因券商机构本身兼具包销、交易、过户结算等功能，实行分散交易、分散保管、分散过户，出现了大量舞弊和内幕交易，那么最好的解决办法就是成立证券交易所。“情况表明，分散进行柜台交易已经到了非改不可的地步，它不仅阻碍了一个高效、公正的市场环境的形成，还直接影响到股份制改革和资本市场试点的成败。为此，深圳市委、市政府决定借鉴国外经验，成立证券交易所。”[②]当然，也叠加有更多为经济特区引入开发建设资本的考虑，本书第三章第三节已有说明，此处不作赘述。由此，深圳市委、市政府作出了筹备深交所的决定。深交所于1990年12月1日开始营业，1991年4月16日正式获中国人民银行批准。

可以看出，深交所的成立和发展是一系列环环相扣的市场化改革自然而然孕育出的一个结果，固然中央的支持和认可、地方的担当和作为非常重要，但最关键的是市场取向的制度变化触发了一个不可逆的螺旋反应，一个改革举措解决一个问题的时候又浮现出新的问题，催生更多新的改革举措，如此发展演化，一直到深交所横空出世。笔者相信，今天深交所在全国、全球的“闪亮”绝不是终结，深圳已开启的中国特色社会主义市场经济探索之路仍在向更远的地方延伸，其他标志性的改革和更多闪亮的成果必将在这个城市不断出现。

---

① 王喜义.深圳证券交易所成立始末（一）[J]. 金融博览，2012（4）：79.

② 王喜义.深圳证券交易所成立始末（二）[J].金融博览，2012（5）：77.

第四节
民营经济为何萌发？

翻看深圳早期政府文件和领导讲话的稿件，我们不免诧异：为什么极少出现私人企业、民营企业、民营经济等相关名词，更不用说出现要把促进深圳民营企业、民营经济发展作为一个重要的战略目标的表述。但为什么深圳发展到后来又崛起为“中国民营经济第一城”？仿佛一批强大的民营企业“忽如一夜春风来”，就这么在深圳突然出现了。如果带着问题，再去研阅深圳经济特区的改革开放史和历次战略转型过程，就会找到相应的答案。

深圳早期政府文件和领导讲话的稿件往往关注的是外资企业、内联企业以及自己的国营企业，但与此同时强调要解决市场调节、价格放开、资金获取、土地供给、人才引进、股份制推行等发展市场经济的底层问题，使土地使用制度“突宪”、住房制度破题、股票市场创建、社会保险制度探索等系列重大改革得以实施。后来开始有为数不多的直接涉及民营企业的重要文件和讲话，一个是1987年深圳颁布的《深圳市人民政府关于鼓励科技人员兴办民间科技企业的暂行规定》，其成为当时深圳的一批民营科技企业的“出生证”和鼓励科技人员创业的法律文书，华为公司就是凭着这个红头文件经由深圳市政府批复设立的。2019年11月5日任正非在接受《华尔街日报》采访时，针对《华尔街日报》总编马特·默里（Matt Murray）的提问“如何创立华为的？”，这样回答：“刚好深圳市在1987年出了一个文件，87（18）文，允许个人创办民营科技企业，我们就冒险做了民营科技这行。当时注册公司需要2万元人民币注册资本、五个股东，我就找了另五个人集资2万1千元，实际还是我一个人开始干。后来，那五个人要求退出公司，就跟我们打官司，退了很多钱拿走。这个公司变成我一个人的，我有权力把股份分给大家，就形成今天员工持股的模式。”

一个是1991年市委书记李灏在深圳市科技工作会议上的总结讲话，他说：“科技与企业的生产经营结合起来，企业对科技本身就有需要，就等于科研有了买主，有了市场。这样科研开发就有目标了，所以我们将来搞科研规划时，要以市场为导向，对开发出来的技术首先要解决订货问题，也就是市场问题。我们的民间科技企业为什么发展那么快，一百多家都办得比较好，很重要的一条，就是开发出来的技术，产品能够很快进入市场，或者他们一开始就购买有市场前景的技术”，“市政府1987年颁布了‘关于鼓励科技人员兴办民间科技企业的决定’以来，我市民办科技企业已发展到130多家，经营情况都不错，有的年产值已超过千万元，初步显示出其旺盛的生命力。今后，应尽可能多发展一些民间科技企业”[①]。

邓小平同志南方谈话后，1993年深圳相继颁布《深圳经济特区股

① 李灏.李灏深圳工作文集[M].北京：中央文献出版社，1999：466.

■ 图5.3　深圳蛇口时间广场上矗立着“时间就是金钱，效率就是生命”标语牌

份有限公司条例》《深圳经济特区有限责任公司条例》，为明晰产权关系、加快企业公司化步伐提供法律依据；颁布《关于企业取消干部、工人身份界限实行全员劳动合同制若干问题的意见》，深化劳动人事制度改革，加快企业转换经营机制。1994年，颁布《深圳市企业无行政主管部门改革实施办法》，实行政企分开，保障公平竞争；颁布《深圳经济特区无形资产评估管理办法》，引导市场公平合理地评估无形资产的价值量；当年深圳市委、市政府把企业制度改革列为年度改革重点，选择28家企业作为建立现代企业制度的试点，借鉴西方国家经验推行企业内部员工持股试点。1995年，颁布《深圳经济特区国有资产管理条例》，以法律形式明确国有资产管理机构及其职责、国有资产管理方法、国有产权转让、国资经营公司的设立和操作规范等；颁布《深圳经济特区企

业技术秘密保护条例》，保护合法拥有技术秘密企业的权益。1996年，出台《深圳市1996年深化企业改革的意见》，按照“抓大放小”的方针，重点培育一批企业集团，加快中小企业改革的步伐。1997年，颁布《深圳市国有企业内部员工持股试点暂行规定》《深圳市国有企业经营者年薪制暂行规定》，调动经营者与员工积极性，提高企业经营水平和经济效益。1998年，颁布《深圳经济特区技术成果入股管理办法》，强化知识产权保护，促进科技成果转化。1999年，把荔枝节改办为高交会，搭建联动世界的科技创新与成果交流平台；出台《关于扶持深圳市工业小企业发展的意见》，成立中小企业信用担保中心、中小企业促进会和中小企业服务中心。

2000年开始，深圳就有一批关于民营经济的政策文件相继出台。2000年，颁布《关于加快发展个体、私营经济的意见》，放宽个体私营经济登记政策，取消对个体户、私营企业投资者户籍所在地所作的限制，自然人可以作为发起人申办股份有限公司，支持符合条件的私营企业实行股份制改造和股票上市，鼓励私营企业采用参股、购买、兼并、租赁、承包等多种形式参与国有企业的改组、改造，允许私营经济成分占控股权。2003年，出台《关于加快民营经济发展的意见》，全面放宽投资领域，放宽企业准入条件，实施民营企业50强计划。2004年，制定《深圳市民营及中小企业发展专项资金管理暂行办法》，由市财政预算安排专项资金，用于支持民营及中小企业发展。2006年，出台《关于进一步加快民营经济发展的若干措施》，对民营企业实行梯度扶持和重点培育，从发展空间上大力扶持民营企业发展，运用多种金融手段加大对民营企业融资的扶持力度。2010年，颁布《深圳经济特区中小企业发展促进条例》，改善创业环境，促进中小企业发展，保持经济的可持续增长。2018年，发布《关于以更大力度支持民营经济发展的若干措施》，促进解决企业生产经营成本、缓解融资难融资贵问题。2023年，发布《关于促进民营经济做大做优做强的若干措施》，放宽市场准入，保护合法权益，清理拖欠企业账款，加强企业融资支持。

以上政策文件透露着一个浅显的道理：给一个适宜的“气候环境”，个体的投资兴业就会出现，民营企业就会欣欣向荣发展。同时还有一个隐性的逻辑，那就是，民营企业的出现和发展，也是国有企业经营资源、人才、经验帮扶和外溢的过程。或更明确地说，国资国企也是培育和孵化更加广泛和更加多元的市场主体的一个源头。社会上一些把国有企业和民营企业完全对立起来的声音恐怕并不是完全客观理性的。此外，我们还可以做一个思想试验：如果把以上罗列的事项调整一下顺序，也就是不管“气候条件”如何，一上来就是促进民营经济发展的各种举措，那么结果会怎样？如果看到一些地方政府撰写的对标深圳经验的学习借鉴报告，然后再对照一下它们的实际成效，你就会有一个更加真切的感受。

第五节

市场作用和政府作用

我们党和国家对市场与政府关系的认识有一个飞跃过程。1978年，党的十一届三中全会提出了“按经济规律办事，重视价值规律的作用”，此后一段时期国内对市场的认识主要是要发挥市场调节作用。到了1992年，党的十四大报告明确我国经济体制改革的目标就是建立和完善社会主义市场经济体制，市场对资源配置起的是基础性作用。再到2013年，党的十八届三中全会作出“市场决定资源配置是市场经济的一般规律”的重大论断，同时也强调“更好发挥政府作用”。笔者认为，深圳经济特区的发展就是要勇敢践行、验证党和国家的重大理论和认识突破。

首先，当按经济规律办事的市场主体、市场机制非常微弱时，首要的事情不是政府完全放手给市场，而是需要培育市场主体、构建市场规则、稳定市场预期、完善社会保障。苏联“休克疗法”激进式改革适得其反的殷鉴并不遥远，一批由激进市场化所形成的寡头使承接苏联“衣钵”的俄罗斯，经济同样低效，且更加低端和脆弱。深圳经济特区初创时，发挥政府能动性，在土地使用、建筑管理、劳动用工、外汇调剂、国资国企、住房供给等领域迅速开启系列试错性改革，到20世纪末初步构建了市场形成的价格体系、与国际接轨的国民经济核算体系、国有资产管理经营体系、社会保障体系、社会服务体系、生产资料占有体系、生产要素市场体系、分配体系、政府调控体系和法律体系十大体系。这些率先探索，使深圳获取了改革的实践细节、持续时间、实施效果以及隐含风险等具体信息，推广外溢后就形成了全国共有的制度信息，减少了全国改革的不协调成本、系统性风险。

伴随着经济体制改革深化，深圳也同步实行政府职能转变改革。1987年设立深圳市投资管理公司，成为全国第一家国有资产专门管理机构，着力解决政企分开问题。1993年以工商物价部门作为转变政府职能改革试点。1995年改革社保管理体制，实行社保行政管理和基金管理分开，执行机构和监督机构分开。1998年率先在国内进行政府审批制度改革。2014年发布深圳市转变政府职能事项目录。2017年出台加强事中事后监管、进一步转变政府职能工作方案。2018年启动建设项目审批制度改革，提出“深圳90”的改革目标——建设项目从立项到施工许可办理完成，总审批时间不超过90天。与此同时，实施公共产品投融资体制改革，将公共产品投资分为非经营类和经营类，非经营类项目由政府全部投资或给予支持，对经营类项目政府投资仅以带动社会资本投资为目的。

其次，当市场主体数量已达全国城市之首，市场机制也相对完善后，一个现实的问题就是让市场发挥决定性作用时，政府需要做什么，政府如何发挥作用？深圳的做法就是优化营商环境。2018年，发布《深圳市关于加大营商环境改革力度的若干措施》，营造更加开放的贸易投资环境、综合成本适宜的产业发展环境、更具吸引力的人才发展环境、更加高效透明的政务环境、更美丽更宜居的绿色发展环境以及公平公正的法治环境。2020年，颁布《深圳经济特区优化营商环境条例》，为市场主体享有优质营商环境、维护自身合法权益以及政府和公共服务部门履行职责提供法律依据、规范。2022年，出台《深圳市建设营商环境创新试点城市实施方案》，着力构建完善的要素市场化配置体制机制、科学的立法执法监管机制、高水平的开放型经济新体制、高效的政务服务供给体制。2024年，发布《深圳市2024年优化市场化营商环境工作方案》《深圳市2024年优化法治化营商环境工作方案》《深圳市2024年优化国际化营商环境工作方案》三个工作方案，深化稳定、公平、透明、可预期的营商环境建设。当前，深圳政府已有强大的财税实力、公共供给能力，是直接干预市场，不断取代市场，简单高效，还是继续激发市场活力，厚植市场土壤，久久为功？笔者认为，这是现阶段深圳经济特区更好发挥政府作用，继续创造奇迹，必须深度思考的问题。

2023年，中国（深圳）综合开发研究院常务副院长、马洪基金会理事长郭万达专访中兴通讯创始人侯为贵，从这次访谈中我们对什么是市场作用、什么是政府作用可窥知一二①。中兴通讯因为做半导体集成电路而设立，需要大量资金投入，没有那么多钱怎么办？那就需要在市场上先去积累资本，从玩具到电话机、通信设备，以市场开拓与技术突破相互支撑，跨越了诸多时代风口，克服了各种发展难题，实现了一个中

① 参见2023年7月27日中国（深圳）综合开发研究院公众号文章《中有先锋兴邦志　激流砥柱亦巍然——中兴创始人侯为贵专访》。

国式高科技企业的伟大崛起。

市场作用角度——

首先，一个伟大企业是从能赚钱开始的。“当年咱们什么都做，做玩具，做电话机，包括一些日用电器设备，比如冷暖机等。电话机比较简单，从来料加工就开始了。电话机接触多了以后对通信行业开始有了解，发现实际上电话机背后是很复杂的通信网络系统。而当时国家通信系统非常落后，大家有了电话机也没用，后面的系统不支持电话机，就没法打电话。后来我们就考虑做交换机，交换机是电话机背后的一个系统设备，从这里开始中兴就进入到通信领域。”

其次，一个伟大企业是从激烈竞争中搏杀出来的。“20世纪90年代国内通信行业的市场格局，一开始就是‘国内市场，国际竞争’的形式，可以说，中兴从成立之初，就是面临激烈的国际市场竞争，我们从一开始的学习、跟随，到后来的追赶并超越，就是这样一步一个脚印真刀实枪地杀出来。”

第三，抓住机会，埋头苦干，就能取得成功。“通信行业是一个民用系统，它是开放的，更新速度很快。通信技术一直在不断地更新换代，快速进步，这就有了机会，机会同时也是挑战，8至10年就换一代。我们拥有大量的优秀年轻技术人员，只要能够有效地组织起来，我们的队伍就可以很大，加上中国人吃苦耐劳的传统美德，欧美企业实际上做不到有效面对这样的挑战的。他们没有这么大的能力来改变，他们习惯于一种漫长的研发过程，所以在这个高速发展的过程中我们就抓住了机会。”

政府作用角度——

首先，深圳经济特区当时的外引内联政策支持了伟大企业的诞生。中兴通讯由航天部691厂联合香港运兴电子贸易公司及航天系统的长城工业公司深圳分公司，于1985年在深圳成立的中外合资企业中兴半导体公司发展而来。创始人侯为贵曾在691厂担任车间主任、技术科科长等职务，同时负责半导体设备技术引进工作，对当时的技术发展和国际形势有着深刻的理解。

其次，支持企业建立现代企业制度，并充分尊重企业自主经营。“当年我们首创的国有民营机制，现在叫混合所有制。其实国企、央企上市以后，上市公司本身也是个所有制混合体。它上市后就混合了，变成了公众公司。中兴通讯就是这一种类型，原始股东有民企、有国企，大家怎么能够有效地组成董事会？从30多年的合作经验来看，总体还是很和谐，很有效率的。一方面，我认为我们一开始没让航天股东直接投钱，这是很关键的。我们跟航天的领导一直都有很好的沟通，他们其实就是定位自己为股东，没有过多地干涉企业经营，企业是自主经营战略选择。这就是我们这么多年合作的一个经验，如果介入过多的话，可能是个负面东西。所以我跟他们各届领导互相交流，他们认可我们这种合作方式，中兴这么多年发展下来，跟股东开放和信任有很大的关系。”

第三，政府对企业最大的支持是公平公正，一视同仁。“我觉得其中一个最大的支持就是1997年上市。中兴通讯上市时是用的深圳指标，当时深圳有两家公司获指标申报上市，中兴通讯和深圳机场，后来增加了盐田港。我觉得这一点深圳市委、市政府是高明的，不是简单的地方政府在企业里占有股份就给上市指标。中兴通讯的股东组成里面，并没有深圳国资，但深圳还是能够给我们指标，大力支持中兴上市，我觉得政府的心态是非常开放的。我觉得当时在全国范围内，没有哪个城市能做得比深圳还好，深圳确实是改革开放的前沿，它的思维方式在那个时代是领先的。”

服务城市战略的国资国企改革

改革开放以来，国资国企改革历来都是全国经济体制改革的重要内容，是构建和完善中国特色社会主义市场经济体制机制的关键环节。深圳国资国企对启动深圳的城市开发建设，培育和发展市场主体，保障城市高效运行运转，布局城市的重大战略性前瞻性项目，使城市能够规避和跨越“比较优势陷阱”，发挥了重要的基础性、公共性、先导性功能和作用。

第一节
谁来激发市场的力量？

深圳经济特区建立伊始，从事市场经营活动的市场主体并不会自然而然就产生和集聚过来。1980年底深圳企业数量仅为501户，国有和集体企业497户，外资企业4户。不管是规模还是结构都表明，市场经济的力量尚且极其有限。然而，40多年后，到2024年底，深圳企业数量已达270.9万户，其中私营企业261.4万户，所占比重高达96.5%（如图6.1）。深圳市场经济，特别是民营经济发展的强大力量是如何产生的？当然，这是党的改革开放政策所带来的结果，这是中央政府和地方政府共同努力的结果，但党的政策和政府的努力需要有一个直接的载体来促使市场力量的生长、裂变和发展壮大，它就是国资国企。

1979年7月8日，深圳蛇口工业区基础工程炸山填海，破土动工，这就是被称为中国改革开放的“第一炮”，蛇口工业区也被认为是深圳经济特区开发建设最早起步的地方。正是这个蛇口工业区以提高工作效率、经济效益和社会效益为出发点，率先进行了管理体制、人事制度、工资制度、住房制度、社会保障制度等领域一系列大胆、超前的改革探索和试验。例如，以企业主导蛇口工业区的开发建设，1985年颁布的

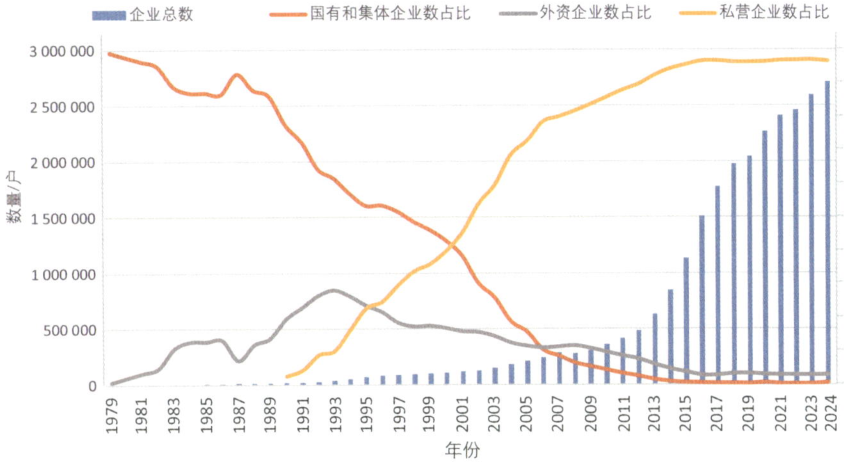

图6.1　1979—2024年深圳企业登记发展情况
（数据来源：深圳统计年鉴）

《蛇口工业区管理委员会组织暂行条例》明确，蛇口工业区是香港招商局下属独立核算、自负盈亏的企业，管理委员会是工业区最高管理机构；工业区实行官商分开，官办官的事，商办商的事，不以行政手段干预企业的业务。管理委员会下设13个专业公司，实行管理委员会领导下的经理（厂长）负责制，独立核算，自负盈亏。对合资、独资企业实行董事会领导下的经理（厂长）负责制，并通过经济杠杆、经济法规进行干预和调节。工业区还成立了律师事务所和会计师事务所[①]。45年过去了，蛇口工业区不仅成为招商局集团的重要上市公司，而且还为深圳培育了招商银行、中国平安两家世界500强公司，以及中集集团等具有全球重要影响力的企业，华为、金蝶、南玻等一批明星企业也从这里孵化

① 钟坚. 大试验：中国经济特区创办始末[M]. 北京：商务印书馆，2010：177-178.

起步。招商局集团作为中央直接管理的国有骨干企业及在香港成立运营最早的中资企业之一，对深圳经济特区高效率、高质量开发建设，对探索中国特色社会主义市场经济道路作出了重要贡献。类似招商局等大型央企之于深圳蛇口工业区开发建设的案例还有很多，像中国电子集团之于深圳华强北片区开发及电子市场形成，中国航空工业集团之于深天马、飞亚达、天虹商场等上市公司，以及深南电路、上海宾馆等一批具有影响力的知名企业，等等。

1981年8月1日，深圳经济特区发展公司经广东省委书记办公会议决定成立，承担了深圳经济特区招商引资和部分经济管理职能。深圳经济特区发展公司就是深圳特发集团的前身，作为深圳最早的国有大型综合性企业集团，其成立的特发华日汽车企业有限公司，是全国第一家中日合作经营企业；其建设的深圳发展中心大厦，是全国第一座玻璃幕墙钢结构大厦：其拍得的“东晓花园”地块，是新中国“第一拍”的商业用地；其设立的深圳经济特区证券公司，是新中国第一家证券公司。水贝工业区、东门老城区、罗湖口岸联检大楼改造或兴建，以及深圳火车站、深圳机场、赤湾港、盐田港、小梅沙海滨旅游中心，东南亚最大的娱乐城香蜜湖度假村等，不同时代的一批重大基建项目开发建设均由深圳特发集团承担，是其先后推动了盐田港集团、南油集团、南山集团等一批特区早期大型集团公司的创立，孕育或培植了深房、万科、深华源、深国商、特发信息、特力、特发服务等一批深圳上市公司。

1987年7月22日，深圳市投资管理公司成立，成为全国第一家专门从事国有资产管理与经营的机构，由深圳市政府授权其代表政府对市属国有企业的资产进行监管和经营，同时对国有资产的保值增值向市政府负责。深圳市投资管理公司具有管理、监督、投资三方面的职能，即作为股份公司中的国家股份的代表，以股东身份参加参股企业的经营管理；作为市属国有资产管理机构，对企业实行财务监督，保护国家资产和加快国家资产增值；参与企业的投资。其任务是：向参股企业包括中外合资、合作企业和内联企业派出国家股东代表，并对全市国家股东代表实行统一管理；投资固定资产，投资方式有三种，一是参股投资，二是有偿投资，以投资额收取资金占用费，三是在国营企业股份化改造过程中，由投资管理公司分担原国营企业的一部分债务，转债为股（公司所承担的债务原则上享受长期、低息贷款的优惠）；通过投资与控股，调节经济结构，促进经济发展；控制、监督国营企业税后利润分配；对市属国营企业财会人员实行投资管理公司与企业双重领导，业务上以投资管理公司领导为主，必要时对企业直接派出财会人员[①]。

事实上，深圳市投资管理公司成立就是要促进政府所有者职能与企业管理职能的分离，加快把深圳市委、市政府1986年推动的股份化改革深化下去。时任深圳市副市长、深圳市投资管理公司首任总经理张鸿义回忆："1986年市委、市政府开始推动股份化改造，这个努力得到了国家体改委的支持，但是，在实际推动当中确实困难重重，怎么样突破瓶颈让改革能够深化下去，这就成为了我们必须解决的一个问题。当时李灏同志因为他见多识广，管理经验比较丰富，就提出来我们是不是要成立一个国有资产管理机构，和体改办一起分工合作，共同探索和推动股份制改造的落实。就是说，他看到了单纯地由体改办来推动这件事情难

① 深圳市组建投资管理公司[J].特区经济，1987（3）：23.

度太大，因为体改办理论研究是他们的长项，主要做一些政策研究，秘书部门的人，但是对企业实际的运作和管理了解没有那么多，所以，当时感觉到要建立一个投资管理的专门机构，这个机构就是把我们市属的和区属的国有企业管起来，然后推动它们向现代企业的方向迈进。”①

以上是中央国有企业、地方国有企业以及地方国资投管公司三个案例，三类国企均对深圳经济特区建设培植和导入市场力量发挥重要作用。人们往往处于“只见森林，不见树木”状态而不自知，“森林”虽好，但也是“苔藓裂土”“老树新芽”“柳暗花明”演化而来的，我们赞美“森林”时不应诋毁“苔藓”“老树”和“柳树”吧。

① 参见张鸿义整理的《见证粤港澳大湾区历史巨变》，第169–170页。

第二节
行动的勇气

美联储原主席伯南克写过一本书叫《行动的勇气》，记载的就是2007—2008年由美国次贷危机引发的国际金融危机这一重大历史事件。在崇尚自由市场经济的美国，伯南克及其团队承受了巨大压力，以非凡的勇气和担当采取了果断行动，利用一系列非传统的经济与金融救助工具，有效遏制了金融危机蔓延，帮助美国经济复苏。同样地，深圳国资国企改革发展和做强做优做大需要勇气与智慧。

仍先以作为全国首家国有资产管理与经营机构的深圳市投资管理公司为例。当时，深圳市投资管理公司要探索政府管理和企业管理职能的分离，就要取消原政府职能部门管理企业的直接权力，同时约束原国有企业总经理的经营行为，这在全国都没有先例的情况下，绝对是极富挑战性的。时任深圳市副市长张鸿义回忆：“当时，不光那些管理工商企业的局不愿意，财政局也不愿意，因为你把国有企业这一块的财务从财政局剥离出来，财政局是反对的。”“你要探索所有权和经营权的分离，就要成立董事会，派出董事长对国有资产的保值升值负责，你说原有的总经理会积极支持吗？所以各种矛盾自然就会比较多了。”[①]因此，深圳市委、市政府任命副市长张鸿义兼任深圳市投资管理公司的首任总经理。同时秉持“逢山开路、遇水架桥”的精神，采取了系列改革措施，保障此次改革的成功，例如：由董事长兼任党委书记，处理好党委、董事会、经营层的关系；做好清产核资，搞清楚企业的家底，增强与外引内联企业合作发展的实力；实施国有企业分级管理；等等。

当深圳市场经济蓬勃发展起来，一定程度上成为“民营经济第一城”时，国资国企还能不能在建设和维护市场上、在城市重大战略部署上发挥作用？内地其他城市可能会给出肯定答案，但在深圳经济特区，国资国企采取同样的行动就要顶着相当程度的舆论压力。2018年，因美联储四次加息，我国国内资金出现外流的情况，加之当时受去产能、去杠杆等政策实施的后续影响，部分高负债民营企业遭遇流动性资金紧张、债券违约等困难和问题。对此，深圳市政府出台《关于促进我市上市公司稳健发展的若干措施》（深府办〔2018〕20号），由市政府安排一定资金，在上市公司实际控制人尽责自救的基础上，按照市场化运作的原则，采取股债结合方式，为优质上市公司及实际控制人提供流动性支持。当时落实深圳市政府政策的平台载体就是深圳的国有企业。根据深圳市政府公开披露的信息，以债权方式化解平仓压力，深圳市国资委协调市安居集团提供100亿元借款，向市投控下属企业高新投集团和中小担集团各提供50亿元，这两家市属国企作为管理机构，负责具体实施，并承诺到期还本付息。同时，通过股权方式化解平仓压力，由深圳鲲鹏

① 参见张鸿义整理的《见证粤港澳大湾区历史巨变》，第169-170页。

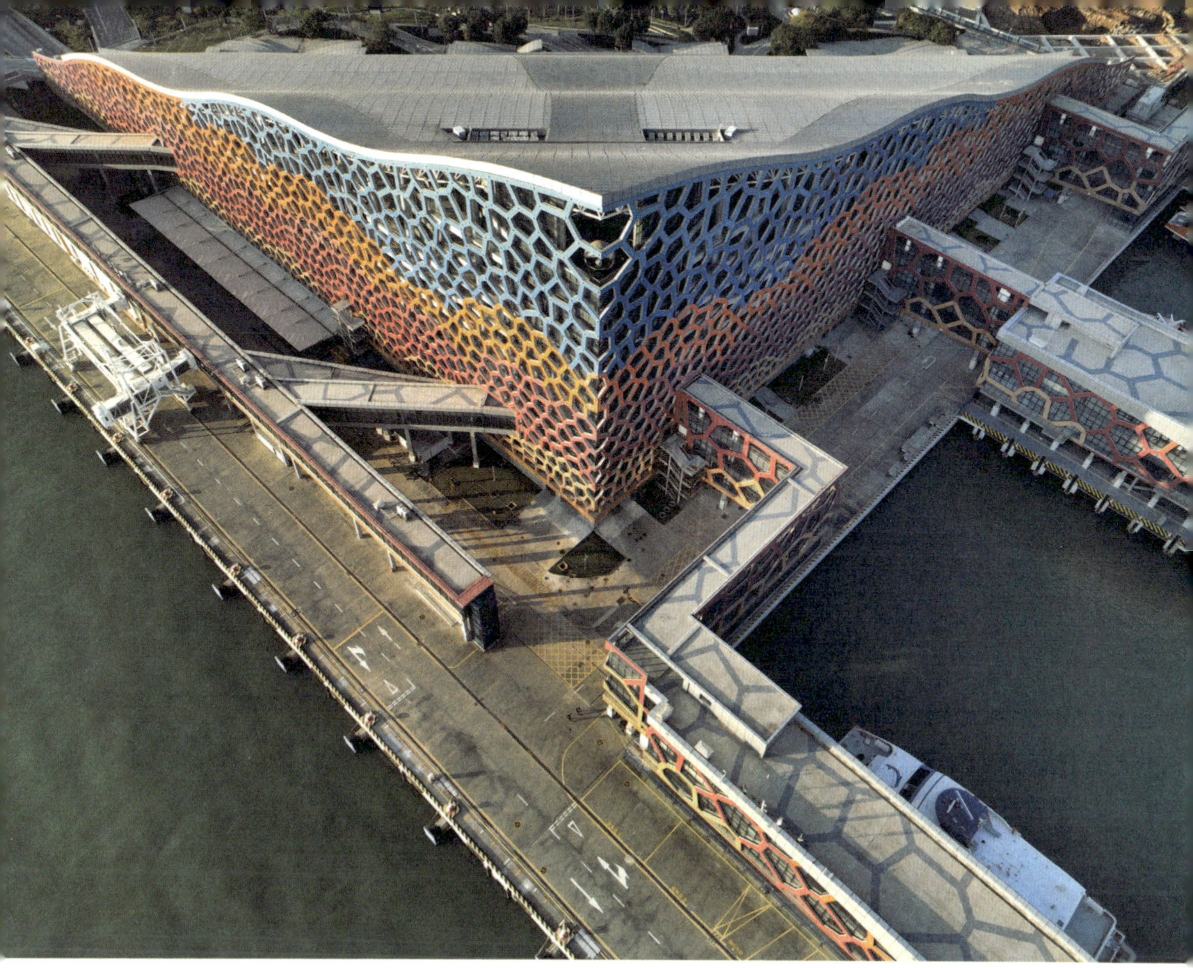

■ 图6.2 蛇口邮轮母港主建筑采用流线型设计，外观选用波浪形状的建筑造型，与周边的海域景观融为一体，蕴含着“乘风破浪，披荆斩棘”的改革创新精神

资本出资50亿元给两家国有投资公司，其中40亿元给市投控，10亿元给深圳远致公司。两家国有投资公司设立上市公司股权投资专项基金，通过让利吸引社会资本参与，实现一定比例的放大，扩大基金规模[①]。

至今已过去近七年时间，回望当时国资国企的行动以及观察后续动作，有些救助对象并没有被完全救助，一些纾困政策在执行过程中也有些许的变样和异化情形。但从宏观上看，深圳国资国企的行动对稳定市场预期、恢复市场信心提供了支撑，经受了美国特朗普政府第一任期

① 吴德群，何泳.纾困政策助力实体经济[N].深圳特区报，2019-01-05（3）.

对我国发起的贸易摩擦冲击，特别是扛住了对深圳高科技企业的极限施压，一批深圳高科技企业以各种方式生存下来了，并取得了非常不错的发展。想想，即便像伯南克这样的专业经济监管者，他们也不会按照完全自由市场经济的教科书去“刻舟求剑”。

记得2016年笔者牵头做深圳市投资控股有限公司（简称“深投控公司”）对标淡马锡改革的课题研究，其间有一些会议征求市政府相关部门意见，有位肖姓领导在参会发言时，简短表明其代表单位支持方案，随之则用了很长时间，以作为深圳普通市民从历史维度、现实考量等角度，对深圳做强做优做大国有企业表示了担忧和反对。虽然我们的研究后来没有完全采纳他的观点，但我内心仍向他致敬和表示感谢，他敢于把不同观点提出来就是一种“敢闯敢试，敢为人先”的深圳精神的体现。后来我们研究深圳国资国企的功能定位时，明确了要“提升三项服务能力”，即提升服务深圳城市核心竞争力、服务城市运营和社会民生、服务多种所有制经济共同发展的能力。其中，服务多种所有制经济共同发展的能力就是受其启发。国有企业要盈利，但又不能以盈利为唯一目的，它要服务党和国家的大政方针，服务多种所有制经济共同发展就是它的一个历史使命。事实上，它也是可以与其他所有制经济优势互补、共同发展、做强做大做优的。

第三节
发展是硬道理

45年来，深圳的国企伴随着全市经济社会发展演变而不断发展演化，在城市不同的发展阶段承担了不同的使命任务；在不同的使命任务中，有的茁壮成长，有的转型升级，也有的退出消失。这里需要说明的是，国有企业的第一属性是企业而非行政部门、事业单位或非营利性组织，其必须从事市场经营，参与市场竞争，必须能够获得相应的盈利以充实发展实力、承担经营风险，否则其就没有存在的必要和意义。正因如此，国有企业和其他企业一样，生生死死都是正常的，不能因有的国企消失了就否认国企的作用和意义。在深圳国资国企改革发展历程中，也正是那些坚持了第一属性的国有企业、发展得好的国有企业，给城市建设和经济发展提供了有力的支持，也使政府和市场增强了对它们的信心，获得了更多资源，有更大可能突破周期限制，实现茁壮成长或转型升级。

20世纪80年代，深圳电子、纺织、机械、化工、建材、物资、外贸等一批政府行业主管局，转制为电子公司、纺织公司、机械公司、化工公司、建材公司、物资公司、外贸公司等经营性国有企业，组建了先科公司、南油公司、进出口公司等重要国企，成立了深圳经济特区发展公司、深业集团等综合性国企以及特区证券公司、深圳发展银行等持牌金融机构。加之，以集体转业的2万名基建工程兵为基础改制组建了城建、天健等建设公司，有力保障了深圳的土地开发、城市供应，开展了外引内联，促进了外向型经济发展，为经济特区经济启动和腾飞奠定了坚实基础。

到20世纪90年代，为支持城市的产业转型升级和高新技术产业发展，深圳国资先后成立了深圳市高新技术投资担保有限公司，后更名为深圳市高新投集团有限公司；成立深圳市创新科技投资有限公司，后更名为深圳市创新投资集团有限公司。抓住中国证券市场破土而出的历史机遇，深圳国资推动了深发展银行、万科、深振业、深物业、深纺织、深能源等一大批国有企业上市发展。

到21世纪头10年，深圳国资推动能源、燃气、水务、公交等国有大型企业国际招标招募改革；组建深圳市投资控股有限公司、深圳市远致投资有限公司（后更名为深圳市资本运营集团有限公司），辅助国资监管部门履职，支持深圳国资管理从管资产向管资本转变，落实深圳国资体系的整体资本运作战略；实施事业单位分类改革，将372家原政府各委局办所属转企经营性事业单位以及所属企业集中统一纳入国资监管体系。

到21世纪第二个10年，深圳国资组建了深智城集团、特区建工集团、特区建发集团、深圳安居集团、深圳重大产业投资集团、鲲鹏股权投资管理公司、天使投资引导基金管理公司等大型地方国企，保障新形势下深圳智慧城市建设、集中成片开发、人才安居需求，以及基础产业安全和创新创业发展。依据深圳国资国企综合改革先行先试经验和拟突破的问题，编制了《深圳市区域性国资国企综合改革试验实施方案》，并获得了国务院国有企业改革领导小组批复，使深圳在全国率先开展了区域性国资国企综合改革试验，释放国资国企改革发展的活力动力。2020年，深圳市投资控股有限公司跻身《财富》世界500强行列，成为深圳市属国资系统诞生的第一家世界500强企业。

进入21世纪第三个10年，深圳国资国企开始聚焦培育新质生产力、服务高水平科技自立自强，加快转型升级和结构布局调整优化步伐，其

■ 图6.3　蛇口滨海文化创意街区，其主要组成部分堪称深圳城市发展历程的鲜活缩影

中组建了深圳农业与食品投资控股集团有限公司，整合分散资源，创新商业模式，延长产业链、供应链，强化城市粮食等农产品保障供应；扩大国资基金群规模，促进种子基金、天使基金、创投基金、产业基金、并购基金、母基金、S基金、人才基金等各类基金发展。

再从现实情况看，国有产权具有多重委托-代理关系，第一层委托-代理关系是作为产权最终所有者的全体人民将国有产权所有权委托给公共权力机构（国家政府部门或其他公共机构），第二层委托-代理关系是代理国有产权的公共权力机构将国有产权占有权、使用权等管理权利委托给经营者。而第二层的国有产权经营者往往还会把国有产权继续向下委托，这就形成了国有产权的多重委托-代理关系。可以看出，相对于外资企业、民营企业，国资国企无论如何改革，其监管机制可以改善，其监管效率可以提升，但其监管流程一定是长的，监管措施一定是多的。

也正因为如此，国资国企对技术更新快、市场迭代快以及高风险承受类业务，往往存在反馈应对的效率劣势，而在长周期投资、基础性保障、战略性持有等领域则相对有优势。这就要求政府部门、国企监管者和经营者对国资国企的功能定位要有清醒的认识，例如深圳国资国企也是在改革发展的经验教训中，逐步明确了“基础性、公共性和先导性”的功能作用，以及以基础设施公用事业为主体，以金融和战略性新兴产业为两翼的“一体两翼”布局引导，并在深度思考深圳市属国有企业与中央国有企业、省属国有企业到底有何不同的基础上，结合“创新”这一深圳最突出的城市特征和核心竞争力，在“十三五”期间提出了重点要提升服务深圳城市核心竞争力、服务城市运营和社会民生、服务多种所有制经济共同发展的能力的“提升三项服务能力”。在此之后，又演化为服务大局、服务城市、服务产业、服务民生的“四个服务”。

如何实现国资国企高质量发展是个世界性难题，2025年3月底英国伦敦金融城原市长梅内里（Michael Mainelli）教授来访中国（深圳）综合开发研究院。其间，笔者向他请教了英国撒切尔夫人时代私有化改革的成效，他谈到英国公共服务领域的私有化改革各有利弊：私人企业短时可提高效率，私人企业单纯以盈利为目的，希望能够垄断市场。然而它们一旦垄断市场，其结果同样是低效经营和高价格服务的。英国伦敦当时私有化后的水务、能源、电信三大领域垄断程度依次递降，至今三大领域改革的效果却依次提升，水务最差，能源其次，电信最好。因此，他认为，市场竞争是企业保持绩效的关键因素，对任何企业均要有使其有效竞争的规则和制度。梅内里教授的观点是非常有道理的。要让国资国企发展得好，同样可以用特许经营权的竞争性取得、行业自然垄断环节独立运营和竞争性环节市场化等制度设计，让其置身市场环境，参与市场竞争，拥抱合作伙伴，唯此才能最大限度释放可持续发展活力和潜力。

第四节
国资国企综合改革

深圳经济特区建立45年来，深圳国资国企做过很多的改革试验和探索尝试，发现“碎片化”的改革存在“改不动”“花架子”等系列问题，例如公司的市场化选人用人机制改革，如果没有薪酬激励机制的改革配合，在市场上就招聘不到合适的人才。仅仅是市场化选人用人和薪酬激励的体制改革，缺乏市场化契约、权责利对等的公司治理改革相呼应，则非常容易把改革异化为“就是涨工资”的闹剧。没有多元产权主体的参与和治理博弈，科学的公司治理又很难得到真正的落实和改善——长期以来，董事长就是原来的总经理，总经理就是原来的副总经理。深圳在“十三五”期间开启的国资国企综合改革，就是试图破除“单兵突进式”改革带来的掣肘，进一步释放国资国企发展的制度红利。

在国资改革层面——

深圳按照党中央、国务院以管资本为主、完善国资监管的要求，建立更加高效、灵活的管控机制，形成一批全国领先的制度创新成果。

第一，“不要做自己不懂的事情”是股神巴菲特的一个投资原则，这一原则同样适用于对国企的监管。从国有企业出资人、监管者视角看，深圳国资就是要坚持“提升三项服务能力”战略定位，按照中央对国企布局引导的“三个集中”原则，推动国有资本向关系国家安全、国民经济命脉和国计民生的重要行业和关键领域、重点基础设施集中，向前瞻性战略性产业集中，向具有核心竞争力的优势企业集中，强化对国有企业的主责主业管理，优化国有资本的布局。

第二，国有产权属于全民所有，国有企业如不涉及国家机密、战略安全等领域，事实上就是一种非法律意义上的特殊形态的公众公司，其在资本市场上市发展，无疑会更加便于全民监督、交易定价、资源优化配置，以及对其经营者进行激励约束等。社会上和政府对更大范围的集体力量的信用偏好无疑是存在的，国有企业的投融资优势就是这种偏好的一种体现。这里问题的关键是，如何用好国有资本的优势去服务实体经济的发展。对此，深圳国资国企“十三五”期间实施了“上市公司+”战略和基金群战略，提升国有资产证券化率，提高国有资本流动性和资源配置效率，同时向实体经济和科技创新提供资本资金的支持。

第三，2003年国务院成立国资委，授权国资委代表国家履行出资人职责，分离政府公共管理职能与国有资产出资人职能，促进政企分开、政资分开，改变国有资产监管“九龙治水”的局面，有效落实国有资产保值增值责任。深圳的国资国企综合改革就是突出国资监管机构国有资产出资人职责，以监管清单管理，明晰国资监管履职边界；同时，优化职能配置及内部机构设置，以股东身份和市场化方式提升监管效能。特别是对混合所有制企业，国资监管充分尊重和用好异质产权主体的能动性，不简单套用监管国有独资企业的办法，将依法应由企业自主经营决策的事项归位于企业，将延伸到子企业的管理事项原则上归位于一级企业，确保依法放权，不缺位，不越位。

第四，2015年中共中央、国务院《关于深化国有企业改革的指导意见》明确，改组组建国有资本投资、运营公司，探索以管资本为主改革国有资本授权经营体制。深圳“十三五”期间按照中央关于国企的改革指导精神，结合地方国企实际情况，从企业属性、授权经营、考核体系、监管方式等方面研究制订了具体措施，强化深投控公司国有资本投资功能、深圳资本集团国有资本运营公司功能，落实“以管资本为主改革国有资本授权经营体制”。

在国企改革层面——

深圳从公司产权、公司治理、选人用人、激励约束、监督考核、党的建设等多个维度同时推出国企改革举措，克服系统性的梗阻，构建国企内生活力充盈的市场化经营体制机制。

第一，混合所有制改革首要的问题就是如何对资产进行定价。众多国企面临的情形是：先做拟混合所有制改革的企业的资产评估，一家评估公司不够，要找三家评估。而三家评估的结果总会有个高中低之分，采用哪个评估结果又会成为领导们难以决策的问题。而21世纪初就曾出现管理层收购（MBO）引发的国有资产贱卖和流失的问题及舆论风波，要做好混合所有制改革就必须解决好以上的问题。对此，深圳国资国企的混合所有制改革采取了同步实施引入战略投资者和核心骨干员工持股的办法：在引入战略投资者时，以“招拍挂”的市场化方式，对国有资产形成一个市场化的价格，核心骨干员工按照同股同价持股。这样既解决了资产定价难题，又因核心骨干员工持股，增强了对战略投资者的吸引力。因为战略投资者也会思考，员工都同股同价持股了，他们断不会给自己挖个大坑吧。这就为混合所有制改革企业日后的成功经营提供了坚实保障。

第二，董事会建设是公司治理改革的核心任务。以往由于缺乏异质产权主体，以及国企董事会成员来源单一，董事会对经营决策缺乏批判性的审查动力，很容易变为形同虚设的“花瓶组织”。当然，当国企混合所有制改革后，有了来自民营、外资等不同产权主体的董事，就必须考虑如何让异质产权主体能够协同一致地支持混改企业，否则混改企业就会从利益共同体演化成为矛盾共同体。对此，深圳国资国企的公司治理改革除了组建外部董事占多数，由内部董事、专职外部董事和兼职外部董事共同发挥作用的董事会外，还有一个清晰的目标导向：把市场原则作为股东参与治理的最大共识，把稳定盈利作为混改企业发展的第一目标，以市场通行规则和惯例协调混改企业异质股东之间的关系。而对非混改国企构建专职外部董事、兼职外部董事履职指引和评价制度，着力选聘具有广泛社会声望和珍惜自身羽毛的人员担当外部董事。

第三，国资国企实际上是一个各类人才卧虎藏龙的地方，如何让人才脱颖而出，成为优秀企业家和经营者，这是一个重要的课题。唐代文学大家韩愈在《马说》一文中写道：“世有伯乐，然后有千里马。千里马常有，而伯乐不常有。”可见让国有企业人才发挥作用的重要条件就是找到人才的伯乐。而与其寻找可遇不可求的伯乐，倒不如构建可遇又可求的伯乐，这个伯乐就是市场，即以市场的成效评价考核，以市场的方式选人用人。对企业而言，有市场竞争力则生存发展，无市场竞争力则被淘汰；对人才而言，干得好给予市场化待遇，干不好要起立走人。深圳的国资国企综合改革对此作了一些尝试，探索了国企领导人员市场化选拔、考核和激励机制，开展经营者“市场化身份、契约化管理”，按照约定严格考核，实施聘任或解聘、兑现薪酬。

第四，“要让马儿跑，就不能不让马儿吃草”，否则发力一时尚且可以，但难以跑得长久和可持续。深圳国资国企综合改革在这个方面突出的亮点就是构建了长效激励机制，利用经济利润奖励、项目跟投、员工持股等多种方式，探索了短中长相结合的增量业绩决定增量薪酬的激励模式，调动国企员工队伍的积极性和创造力，促进价值分配与长期价值创造相统一。

2020年中共中央办公厅、国务院办公厅印发了《深圳建设中国特色社会主义先行示范区综合改革试点首批授权事项清单》，其中第14条明确：“深化国资国企综合改革。（1）支持深圳开展区域性国资国企综合改革试验，赋予更大改革自主权，鼓励结合实际推行更为灵活、更具创新性的改革举措。（2）支持完善区别于党政领导干部、符合市场经济规律和企业家成长规律的国有企业领导人员管理机制，探索与企业市场地位和业绩贡献相匹配、与考核结果紧密挂钩、增量业绩决定增量激励的薪酬分配和长效激励约束机制。”深圳对第14条第（1）款改革任务已于2022年完成，而第（2）款改革任务仍在继续试验和艰难探索。

第五，只有油门没有刹车的车是可怕的，国资国企综合改革同样需要在扩大授权的同时，加强监督考核和风险防范。但监督考核不能为了监督考核而监督考核，风险防范不能怕有风险而什么都不做。深圳的国资国企综合改革构建了由企业党委领导、纪委统筹，纪检监察、监事会、财务总监、内审、内控、风控协同联动的“六位一体”大监督体系，着力强调了监督检查的资料共享、成果开放，尽量避免影响企业正常的经营活动。时任深圳市国资委主任彭海斌在一次国资委派出财务总监、专职董事的启动会上说，财务总监和专职董事作为专业人士，需要提出问题和揭示风险，但同时要给出解决问题和防范风险的建议。

深圳国资国企综合改革坚持实质大于形式原则——

国资监管部门的主要领导、主要国有企业的领导能够审时度势，谋定后动，善作善为，达成了很多当时看似不可能实现的目标。

第一，在改革方案设计上，遵循了中央国资国企改革的导向，并从自身国资国企发展的现实问题和制度障碍着手，探寻体制机制改革的具体举措，而不是盲目照抄照搬中央文件条款或兄弟城市经验。以管理层和核心员工持股改革为例，《关于国有控股混合所有制企业开展员工持股试点的意见》（国资发改革〔2016〕133号）明确“员工持股比例应结合企业规模、行业特点、企业发展阶段等因素确定。员工持股总量原则上不高于公司总股本的30%，单一员工持股比例原则上不高于公司总股本的1%”。相当一部分地方国企资产规模小，特别是一些处于充分竞争领域的知识密集型、技术密集型、服务密集型地方国企。如果严格按照单一员工持股比例不高于1%的限制，结果一定就是：单一员工持股所需投入的资金也不大，公司发展有盈利时所得分红也不会多，当然出现亏损时所承担的损失同样不会多，那么这就背离了“形成利益共享、风险共担的长效激励约束机制，使员工利益与企业利益紧密结合”，“吸引和留住人才，充分调动员工积极性、主动性和创造性，更好地发挥人力资本的重要作用”等员工持股改革的初衷和目的。对此，深圳国企对员工持股改革作了大胆突破，并积极争取了国务院国企改革领导小组支持，获得了良好的改革效果，建科院、水规院、特发物业等一批员工持股企业实现了高质量发展和成功上市。

第二，以平实语言讲清改革发展的道理，以务实目标引领改革发展的任务。深圳的国资国企综合改革，在规划、方案及领导讲话中没有用语上的过度宏大和刻意模糊，谋划实实在在的事情，安排实实在在的任务，尤其是实实在在落实一件件的改革发展事项，让国资国企的员工队伍能看得懂，听得懂，能理解来龙去脉和改革发展的任务要点。这里想说的是，那些用语宏大以及“上下一般粗”的宣传乍一看可以鼓舞人心，但放长久看就是赤裸裸的欺骗，这对国资国企改革发展的信誉影响实际上是极坏的。刻意模糊当然有利于改革评估时拔高成效和逃避责任，但实际上国资国企员工队伍看了这些文字，听了领导讲话，根本不知道要做什么，改革规划、方案和任务安排就失去了原本意义。

此外，关于改革发展目标的设定，国际上是有一套标准和原则的，例如最为有名的就是SMART原则，即目标必须是具体的（Specific），目标必须是可以衡量的（Measurable），目标必须是可以达到的（Attainable），目标必须和其他目标具有相关性（Relevant），目标必须具有明确的截止期限（Time-based）。一项务实的改革不能全是原则性、概念性的规定，要更多体现SMART原则，降低解释的随意性，抑制人们惰性和投机的冲动。

第三，在员工队伍使用上，深圳整个国资系统以国资国企改革发展的事业为牵引，大胆起用了一批有闯劲、有干劲的年轻干部，不拘一格用人才，处处洋溢着干事创业的精气神。笔者还记得做项目时，由于当时改革发展的任务重、对接接洽的项目多，时任领导不仅推动相关职能部门和相关国企的人员行动起来，还把国资委和国资平台企业派出的一些财务总监、专职董事组织起来，共同研讨谋划、落地执行相关任务和项目，并把有想法、有成绩的人才大胆推荐到新的平台担任要职。笔者曾经听一位深圳的证券私募基金人士说，他想去投资一家上市企业，就一定先买这家上市企业的一手股票，然后他就可去参加该企业的股东大会。在股东大会上只要看一看企业经营层的表现，就能八九不离十判断这个企业是好是坏。笔者作了很多的国资国企的课题研究，对此也深有同感，一些企业或部门，你进去聊一下，就能感知生机勃勃的气息。“曾经沧海难为水，除却巫山不是云”，深圳“十三五”“十四五”期间国资国企综合改革，是让国资系统内很多员工回味的那段“激情燃烧的岁月”。

第四，在国企党建工作上，深圳坚定落实习近平总书记在全国国有企业党的建设工作会议上的讲话精神，坚持服务生产经营不偏离，把提高企业效益、增强企业竞争实力、实现国有资产保值增值作为国有企业党组织工作的出发点和落脚点，以企业改革发展成果检验党组织的工作和战斗力。深度融合党建工作和生产经营，打造“跟党一起创业”楼宇党建品牌，发挥国企基层党组织战斗堡垒作用和党员先锋模范作用，着力服务生产经营、凝聚职工群众、参与基层治理，强化党建责任制和生产经营责任制有效联动，以高质量党建引领高质量发展。

实际案例：深圳创新投资集团有限公司综合改革

20世纪90年代，以IDG技术创业投资基金为代表的外资股权投资机构纷纷进入中国股权投资市场。1998年全国两会上，第九届全国人大常委会副委员长成思危提交《关于尽快发展我国风险投资事业的提案》，一时间股权投资市场“千树万树梨花开”，深创投公司就在此时代背景下成立。深创投公司筹备之初，时任深圳市市长的李子彬对公司提出了“政府引导，市场化运作，按经济规律办事，向国际惯例靠拢”的经营方针，自成立就开启了综合改革历程，打出一套国企混改“组合拳”，持续引入异质股权和完善公司治理，取得了良好的混改效果。截至2025年3月31日，深创投公司投资企业数量超1600家，其中，273家企业分别在全球17个资本市场上市。

从所有制关系看，探索多元融合的资本补充机制。为培育和发展高新技术产业，加快产业结构转型升级，深圳于1999年第一届高交会开幕前夕，由市政府直接出资5亿元、相关市属国企出资2亿元成立深创投公司。由于创业投资具有高风险、高收益、长周期特点，对资本消耗相对较大，对经营灵活性要求较高，为补偿可投资资本，推动公司治理完善，深创投公司分别于2001年、2009年、2010年先后三次增资扩股，引入了深圳星河房地产公司、上海大众公用事业集团、中兴通讯股份公司、福建七匹狼集团、深圳立业集团、广东电力发展股份公司、广深铁路股份公司等多种经济成分并存的优势战略投资者，搭建了混合所有制的经营框架，提高了投资能力和经营灵活性。此外，深创投公司面向市场经营与竞争需要，为平衡长短期负债，勇于变革单纯依赖银行借款的固有融资思路，于2014年7月、8月在中国银行间市场成功发行了第一期和第二期非公开定向债务融资工具——成为国内第一单在银行间债券市场发行的创投类企业私募债券。

从经营层关系看，实施阳光民主的经营决策机制。所有制关系的多元和混合并不能天然解决国企治理的有效性和价值创造问题。深创投公司用阳光民主的经营决策机制，培养员工队伍主人翁精神，激发劳动者工作热情和创造力。事实上只有调动全体劳动者的积极性，才可能推动国企价值增值和绩效实现，满足国资和非国资股权的不同利益诉求，真正融合国资和非国资优势从而形成良性的循环发展。深创投公司投资项目必须经由投资决策委员会论证评审，参会委员均采取“一人一票”方式独立投票，即使是董事长、总裁也不例外。三分之二以上参加会议投资委员同意且没有被外部专家委员否决的项目方可进行投资。另外，投资决策委员会主任、副主任有一票否决权。全体员工均可参加项目评审会，在会议上可对项目畅所欲言。此外，对投资决策委员会表决通过的所有投资项目，深创投公司要求投支持票的高管以及项目投资经理团队强制跟投，投反对票的高管可除外；公司其他员工可自愿选择性跟投，风险自担，同股同权。

从利益分配关系看，构建按劳分配与按股分红激励约束相容机制。现代企业所有权与经营权分离所带来的委托代理效率问题并非国有产权所特有，民营企业同样不能规避这些委托代理问题。深创投公司对剩余索取权（利润分配权）通过按劳分配和按股分红相结合方式，授予了行使经营权的经营者（代理人）和拥有所有权出资人（委托人），使经营者与出资人同呼吸、共命运，形成了做强做优做大的强大向心力。深创投公司1999年成立之初，即经当时市长办公会及公司第一届董事会讨论通过了公司员工绩效工资为利润总额的8%（2005年实行三项制度改革时，将绩效工资修改为净利润的8%）；2009年由深圳市国资委批复同意，公司投资经理可以计提项目净收益的2%作为项目绩效工资。2016年深圳市国资委和其他各股东协调同意，深创投公司全员绩效工资从税后净利润8%提高到10%；投资经理项目奖励从项目净收益的2%提高到4%，同时将项目亏损罚金从实际损失的1%提高到2%，用制度强化代理人和委托人的命运共同体意识。

从国资监管关系看，积极探索以管资本为主的授权管理机制。混合所有制改革意味着要推行一种更加开放、兼容和权责利对等的制度安排，必然需要国资监管职能与方式作出相应的调整变化。考虑到深创投公司已搭建产权主体多元、经营决策民主、利益分配自洽的基本构架，2005年深圳市国资委给予深创投公司特别授权和要求，由公司自主决策主业范围内投资额5000万元以下的境内长期股权投资项目，但同时严格限制短期投资，短期投资额最高不得超过公司净资产的10%，不得进行委托理财、炒作股票或期货等高风险投资，公司所属企业不得进行短期投资。2010年深圳市国资委进一步授权，将深创投公司长期项目投资和设立机构项目投资的自主决策权限上调到公司最近一期经审计净资产的5%以下。此外，深创投公司根据深圳市委、市政府文件精神形成支持改革创新的容错机制，明确因不可抗力、不可预见或经济形势和政策重大改变等原因造成资产损失，经调查不存在违规违纪情形的可免于问责，积极探索具有中国特色的创业投资发展之路。

深创投公司改革成功有三个要点：一是实施综改“组合拳”。深创投公司不仅在所有制关系上实现了异质股权混合，而且从经营层关系、利益分配关系、国资监管关系等领域同步实施体制机制改革，释放了公司在市场中的动力活力，形成强大的价值创造能力，真正成为涵盖多元异质股东、广大员工、地方政府等利益主体诉求的利益共同体。二是不断推进优化改革。深创投公司改革发展并不是一劳永逸，而是不断结合市场竞争需要动态调整优化，持续引入新的战略投资者，及时调整激励约束相容机制；同时国资监管部门结合深创投公司市场化能力不断扩大授权范围和程度，形成国资经营与监管良性互动。三是持续创造市场价值。深创投公司始终秉持市场化的核心理念，以创投市场上的优异成绩，持续为股东创造利润分红、开发战略资源，持续为员工提供薪资保障、拓展成长空间，持续为政府实现国资保值增值和强化创新创业支撑，在市场化程度高、行业竞争激烈的本土创投市场探索了一条适合国资的发展道路。

以企业为主体、市场为导向的开放创新

深圳经济特区建立45年来，坚持了以企业为主体、以市场为导向，构建了鼓励创新、敢闯敢试、宽容失败的良好创新发展环境，主动融入全国全球创新网络，在缺乏大院大所和科研资源的初始条件下，实现了从引进技术到微创新、小创新、大创新的发展转变与不断跃迁。

第一节
对“排浪式”创新的解读

从长城电脑、中华自行车、科健、康佳、创维、中兴、华为、平安、万科，到腾讯、比亚迪、大疆、顺丰、迈瑞医疗、立讯精密、传音科技、微众银行、招联消费金融，在深圳经济特区的发展历史上，涌现着一批批具有全国乃至全球影响力的创新型企业。一些当年赫赫有名者已随着斗转星移而光环不再，一些当年默默无闻者则因风云际会而蒸蒸日上，大量的新的变革创新者“你方唱罢我登场”。时至今日，深圳每年科技研发经费占GDP比重高达5%以上，专利授权数量跃居全国城市之首，已完成从“科技沙漠”向“科技绿洲”的华丽转身，一拨又一拨的国内地方政府乃至海外国家代表来深圳考察学习和招商引资。然而，一些人对深圳的创新蝶变存在着误解，有的观点认为深圳创新经验就是前瞻性的产业规划，深圳市政府较早地规划了产业转型，强调了高新技术产业、战略性新兴产业和未来产业发展；有的观点认为深圳的创新能力形成于从最早的经济特区，到前海深港现代服务业合作区，到前海蛇口自贸试验区，再到河套深港科创合作区，那是国家特殊政策安排所带来的特别优势；更多的观点则是把深圳经验解读为大量的财政补贴以及政府对创新主体、创新企业“无微不至”的创新关怀。

笔者想说的是，这些都是深圳创新的表象而非实质，不应该成为各地政府为引导创新发展而去学习借鉴的内容。事实上，政府在实施创新驱动发展战略上或好高骛远的引导，或等靠国家政策的赋予，或松懈放任不理不管，或以政策补贴营造“创新温室”，均不会培养出具有强大市场竞争力的创新型企业，形成一轮又一轮的创新浪潮，最多只能营造昙花一现的虚假繁荣。深圳创新经验，关键是率先在国内建立了科技市场制度体系，进而发挥科技市场配置资源、激励创新的决定性作用。

第一，市场制度体系的基础是产权制度

深圳率先在全国实现产权制度改革突破，培育科技企业成为创新主体。早在1986年深圳就颁布了全国第一份国企股份制改造的政府规范性文件——《深圳经济特区国营企业股份试点暂行规定》，拉开了企业产权多元化和治理法人化序幕，积极引导国营企业引进外资项目和先进技术。1987年更是颁布了《深圳市人民政府关于鼓励科技人员兴办民间科技企业的暂行规定》，给予民营科技企业合法身份，承认知识产权的价值，允许科技人员用专利等工业产权入股。

当时浙江、福建和广东其他地区等沿海地区民营企业须挂靠集体企业“戴红帽子”。1987年深圳对科技类民营企业的市场准入，直接认可个人股东股权权益，一定程度上可规避日后产权模糊的纠纷隐患，使创始人们可心无旁骛带领企业参与市场竞争与合作。而“戴红帽子”企业如果经营不善，个人股东自担责任；但如果经营不错，要发展壮大，名义上的集体权益就不再被无视了，于是乎“亏了没人管，赚了人要

分”，一旦不慎，这些矛盾就会把一个好好的企业搞垮。

第二，市场制度的另一个重要因素就是自由竞争、自由定价

在这个方面，深圳率先依托科技市场自由交易，让市场决定资源优化配置和形成创新内在激励。深圳产权制度改革催生了市场取向的民营、外资、国有等大量不同属性创新主体，客观上对原计划体制下的计划安排形成了倒逼机制，科技市场随之以星火燎原之势从电子元器件、电子产成品蔓延到科技成果、科技股权等领域，从价格竞争、模仿创新到创客天堂、品质制胜，市场参与主体在充分竞争和重复博弈中各尽其能。1988年，深圳借鉴日本东京秋叶原电子市场的做法，建设华强北电子配套市场，打破原计划体制下形成的国家一年一度电子元器件集中采购“骡马大会”，形成从技术引进、模仿创新到自主创新不可逆转的趋势和自我扩张力量，带来了高新技术产业崛起。此后从1999年起，深圳开始举办高交会，极大推动了高新技术成果商品化、产业化和国际化。2009年创业板在深交所开市，增加了科技资源流动和市场价值实现的机会，促进了高科技投资良性循环。

第三，市场制度体系不是没有政府，而是要有政府提供公共服务，维持市场秩序，防止“劣币驱逐良币”

政府应聚焦以规范的制度体系降低科技市场制度性成本，纠正创新系统失效错误，释放市场对创新创业的正向激励，形成良性循环，实现可持续发展。深圳早在20世纪90年代初就颁布了《深圳市股票发行和交易管理暂行规定》《深圳经济特区价格管理条例》以及《深圳经济特区

无形资产评估管理办法》《深圳经济特区企业技术秘密保护条例》等规范性文件或法律条文，保护合法权益，促进市场规范交易。此外，政府结合城市发展节奏、电子市场升级步伐，多次对华强北电子市场进行更新改造，交通疏解，推动了华强北城市形态由老旧工业区转向更具承载力的商务中心和创客基地。即便是对创新的财政补贴，深圳市政府也于2013年专门制定科研资金投入方式改革方案，更多发挥财政资金杠杆作用，让商业银行、风投机构等市场主体发挥主导作用，政府适当发挥补

图7.1　深圳科学技术馆位于光明科学城核心位置，是深圳科技文化新地标

充的作用，利用政府信用，激活社会资本，引导金融资源投向科技创新领域。

我们可以看到，一个国家、地区和城市的创新发展不可能是一日之功，更不可以杀鸡取卵。当前，一些地方政府急于求新不求真，急于求成不求实，一哄而上开展创新补贴和规划产业引领，不仅浪费了有限的财政资源，而且容易扭曲企业行为，恶化市场环境，扼杀创新的系统性、连贯性与可持续性。深圳在发展中也不是没有犯错误，每年高达数百亿元的财政补贴，同样产生着市场扭曲效应，削弱了市场对创新企业的竞争压力，甚至也导致一些企业为了骗政府的钱而搞假创新，制造大量垃圾专利。只不过深圳科技市场所发挥的正向激励效应已强大到足以掩盖补贴扭曲的负面效果，政策补贴已不能直接决定绝大多数市场主体的经济决策和行为。而如果一个地区只搞政府规划、政府引领、政府补贴，而没有着力于市场制度体系的建设，科技攻关、创新转型最终只会是一句空话。

对创新发展，政府不是无事可做，而是可以起到重大的作用。但这需要政府保持战略定力和历史耐心，扎实推进体制机制的改革，着力于建设和完善科技市场制度体系，聚焦于提供知识产权保护、公共信用供给、违约失信惩戒等公共产品和服务，最大限度发挥市场优胜劣汰、激励约束、知识传播等内在机制，筛选集聚真正的创新资源，激发各类创新主体的创新活力，这样才能最终引领供应链、产业链的发展演变。

第二节 自我扩张的创新网络

深圳市政府自20世纪90年代初期确立发展高新技术产业城市的重大战略以来，建设了一批创新资源集聚平台，协调内外部创新资源，高效支持各类创新活动。1985年联合中国科学院创办我国第一个高新技术产业开发区——深圳科技工业园；1991年深圳科技工业园被国务院认定为首批国家高新区；1999年创建虚拟大学园，联结内地、香港以及国外知名大学资源；2000年创建大学城，引入清华大学深圳研究生院、北京大学深圳研究生院、哈尔滨工业大学（深圳）、南方科技大学等高等教育机构；2006年成立中国科学院深圳先进技术研究院；2009年启动国家超级计算深圳中心建设；2017年开始实施组建诺贝尔奖科学家实验室等“十大行动计划”①。

① 2017年深圳市委书记、市长许勤在作政府工作报告时，提出了2017年起深圳将实施“十大行动计划”，主要包括：建设十大重大科技基础设施，设立十大基础研究机构，组建十大诺贝尔奖科学家实验室，实施十大重大科技产业专项，打造十大海外创新中心，建设十大制造业创新中心，规划建设十大未来产业集聚区，搭建十大生产性服务业公共服务平台，打造十大“双创”示范基地，推进十大人才工程。

为服务高新技术产业发展，深圳市委、市政府作出举办高交会取代荔枝节的重大决策。1999年深圳以高交会取代已连续举办六届的荔枝节，联合对外贸易经济合作部（2003年整合为商务部）、科学技术部、信息产业部（2008年更名为工业和信息化部）、中国科学院、国家发展计划委员会（2003年改组为国家发展和改革委员会）等部门举办，对接引入中央部委资源支持深圳创新发展。同时，高交会集成果交易、产品展示、高层论坛举办、项目招商、合作交流于一体，促进高新技术成果商品化、产业化、国际化以及国家、地区间的经济技术交流与合作。高交会成为我国目前规模最大、最具影响力的科技类展会，有“中国科技第一展”之称，也成为深圳城市的创新名片。

此外，深圳鼓励支持企业“走出去”设立海内外研发机构，鼓励跨国公司和有实力的外资企业在深设立研发机构，资助光启高等理工研究院、华大基因研究院等民办研究机构。伴随着深圳企业发展壮大，以企业为主体，面向全国全球建设研发网络成为深圳创新的一个重要事件。华为、中兴、迈瑞、比亚迪等深圳企业不仅在北京、上海等国内城市设立研发机构，而且在欧美、日本等发达国家和地区设立研发中心，开展产学研合作项目，构建更大范围、更高层次的开放式创新生态。

特别值得说的是，华强北电子市场从1988年分隔赛格大厦一楼部分区域，改建电子配套市场开始，从电子元器件交易起步，从工业厂区发展成为电子交易的“全国第一街”，对深圳、珠三角地区乃至全国的电子信息产业发展发挥了重要作用。它不仅降低了本地发展电子信息等高新技术产业生产配套成本和解决了时效问题，更重要的是，为更大范围的创新创业营造了适宜条件，诱发了当时外资所主导的加工贸易企业管

图7.2 深圳市福田区华强北商圈是政府与商家共同努力促进形成的结果

理、技术、市场等知识经验的外溢，孕育孵化了微创新、小创新甚至是模仿“山寨”的大量中小微企业。华强北电子市场的一个“三尺柜台”背后就是珠三角地区的一个或多个小微工厂，一个小微工厂就是一个创新创业的故事，数万个“三尺柜台”与小微工厂的集聚又孕育了物流快递、技术交流和经验知识的传播发展，逐步形成从创意设计、验证原型到快速产业化的全球首屈一指的创新供应链体系。腾讯、传音科技、大族激光、神舟电脑、海能达、同洲电子等一大批知名企业从华强北起步。2012年，世界上第一家专注于硬件创业孵化的HAX公司甚至把总部从硅谷搬到了这里。

而深圳大量科技型中小微企业应对竞争的创新发展、融资需求又引发了风险资本的集聚。1990年深圳成立的南山创业投资基金成为全国第一家风险投资机构，而后高交会、创业板的举办和设立，加快形成了高新技术国际交流与风险资本“募投管退”良性互动的良好氛围。1999年腾讯公司就是借助第一届高交会平台，拿到全球信息产业领域最大风投机构IDG技术创业投资基金的风险投资。这成为腾讯发展史上最为关键的一笔融资，而IDG技术创业投资基金当时仅看用户流量就投资的这个案例，也被本土风投机构学习借鉴。

第三节
真实的创新文化

十多年前在笔者参加的一次调研会上，深圳一家商贸上市公司的负责人介绍说，他们培训外地新设分支机构的团队，有一个必备的安排就是，把外地团队带到华强北，让他们感受一下密密麻麻的柜台，熙熙攘攘的人群，口齿伶俐、麻利干练卖东西的，背着包匆匆忙忙扫货的，拉着送货小车快步小跑的，什么是“深圳速度”？这就是“深圳速度”。笔者感慨，这难道不就是深圳的一种文化吗？在这个城市中大家都“埋头苦干”，那些不“埋头苦干”者便会汗颜，深圳这家商贸公司这样做的目的，无疑就是把这样的一种氛围传递给异地的分支机构团队。

然而，对创新而言仅传递一种氛围就可以吗？创新发展相对操持旧业而言投入更高、风险更大，特别是科技创新九死一生，在很多时候作出科技创新决策都是非常理性的，一个企业或个人仅渲染创新氛围，恐怕有“传销”之嫌。那么，在深圳如此创新活跃的城市，创新文化的本质是什么呢？我认为，“鼓励创新、宽容失败”不再是一个渲染口号，而是一种现实存在。其底层逻辑就是，市场的多层次、多元化蔓延发展，优胜劣汰，极大推动了技术、人才等要素资源的市场流动，形成了要素资源的合理定价。市场对成功的创新项目和技术以扩大销售、增厚利润、吸引投资等方式兑现价值，提供激励，这实实在在就是“鼓励创新”。更重要的是，市场对失败的创新项目、技术仍然发挥重要作用，它使创新投入不会变成一次性的“沉没成本”，而是使之成为一种迭代发展、可产生效益的社会资本，失败项目的人才团队可以依靠经验积累，以更大成功概率东山再起；失败项目的土地、技术等资产可以成为支持新兴项目发展的基础。当年深圳华强北电子市场的主要投资主体是深圳赛格集团，投资的彩色显像管（赛格日立）、彩管玻壳（中康玻璃）、大规模集成电路等项目均以倒闭、失败或现在发展不尽如人意告终，但依靠科技市场的流动传递、消化吸收，这些项目成了技术源、人才源和管理源，为深圳电子信息产业发展作出了不可磨灭的开创性贡献。

因此，深圳的“鼓励创新、宽容失败”是具有深刻现实意义的文化现象。而当前很多地方政府把“鼓励创新”简单理解为用政策补贴和政府干预支持创新，把“宽容失败”简单理解为给予国企员工更多容错机制，允许民营企业或创业个人破产等。这些确实也很重要，但千万别忘了，过度的政策补贴和行政干预事实上会破坏市场自发的“鼓励创新、宽容失败”底层逻辑。

第四节
“一花开五叶”

“一花开五叶”说的是，佛教传到中国后，禅宗以达摩为祖，谓“一花”，至六祖慧能后，衍生出“五叶”（“五家”“七宗”）等更多的流派，实现广泛的传播和发展。这好比肖克利（W.Shockley）及仙童公司之于硅谷的作用。当年诺贝尔奖获得者肖克利从美国电报电话公司的贝尔实验室返回故乡，创办了肖克利半导体实验室，聘用了诺伊斯（R.Noyce）、摩尔（G.Moore）、布兰克（J.Blank）、克莱纳（E.Kleiner）、赫尔尼（J.Hoerni）、拉斯特（J.Last）、罗伯茨（S.Roberts）和格里尼克（V.Grinich）等一批天才人物。此后在诺伊斯带领下以上列出姓名的八位杰出青年又出走，创办了仙童公司（Fairchild Semiconductor）。仙童公司一度成为世界上最富创新精神、最令人振奋的最大半导体生产企业。它以风险投资方式创立、以发放股权激励员工、以技术创新谋求发展等经验，成为日后硅谷高科技企业的样本。更重要的是，包括以上八位青年的大量人才又陆续离开了仙童公司，创办了英特尔、AMD、凯鹏华盈等至今声名赫赫的高科技公司和风险投资机构，形成整个硅谷创新创业发展的燎原之势。

深圳经济特区建立以来短短45年，如此开枝散叶的创新创业也并不少见，最为典型的就是中国最早的医疗器械公司之一的深圳安科高技术股份有限公司。安科公司1986年由中国科学院下属企业科健公司与美国纳斯达克上市公司Analogic于深圳合资创办，1989年开发出中国第一台磁共振设备成像系统，1990年开发出中国第一台彩超，1992年开发出中国第一台超导磁共振成像设备系统，1995年开发出中国第一套影像归档和通信系统，等等。安科公司的研发生产创下了中国医疗器械的多项"第一"纪录。此后，安科公司的一些员工因各种缘由，陆续离开公司，创办了迈瑞医疗、理邦仪器等一批赫赫有名的医疗器械公司，催生了深圳整个医疗器械行业的崛起。据统计，深圳与安科公司有直接或间接关联的医疗器械企业近200家。《创业家》杂志记者叶静说得特别好："如果说深圳医械帮算得上是一个军团，那么安科就是一所拥有赫赫声名的军校。它像一位历经风雨却岿然不动的先师，在传授神秘的火种。当岁月流逝，它的学生越来越多，越来越大，越来越有名，它却老了。它是一个孕育成功者的失败者。"①

对现在的深圳而言，安科公司的故事仿佛已经久远，更多的人正在见证的则是华为系公司、腾讯系公司、大疆系公司等科技公司谱系以及深创投系等服务机构谱系的故事。我们知道的是，从华为公司员工队伍中走出了汇川技术、深信服、英维克、麦格米特等一批深圳上市公司。还有很多已从华为离职的人，或成为深圳大大小小科技企业的业务骨

① 叶静. 深圳医械帮：一个军团的诞生[EB/OL].（2011-10-25）[2025-03-20]. https://finance.sina.com.cn/20111025/185610687220.shtml.

干，或活跃于投资、培训、咨询等领域，传递着科技认知、战略变革、科研管理、市场开拓等宝贵的企业管理知识。从腾讯公司员工队伍中走出了乐信集团、富途证券、创梦天地等一批知名公司，腾讯的对外投资、孵化项目也成为全国各地争相招引的对象，其中2024年火爆全球的“黑悟空·神话”就是腾讯曾经的一个内部孵化项目，其母公司游科互动科技公司就是由腾讯前员工创办。而深创投公司作为中国首批市场化运作的地方国有风险投资机构，同样成为深圳乃至中国风投创投行业发展的“黄埔军校”，东方富海、前海母基金、国中资本、勤智资本等知名机构创始人均有深创投高管的履历背景，从深创投走出来的知名投资人更是数不胜数。

第五节
经济演化的产业之树

深圳从早年“三来一补”加工贸易起步，介入全球电子信息产业链，大量市场主体在电子信息产业链上竞争与合作，华为、中兴等创新型企业在其中脱颖而出。而电子信息产业向医疗服务领域延伸，形成以迈瑞医疗为代表的医疗器械产业；向航空航天领域延伸，形成以大疆科技为代表的航空航天产业；向基因测序领域延伸，形成以华大基因为代表的生命健康产业；向充电电池领域延伸，形成以比亚迪为代表的新能源产业等等。市场经济的繁荣发展使一种产业引发另一种产业成为可能。45年来，深圳经济就像一棵树，伴随着如梭时光一天天地枝繁叶茂起来。从深圳市政府历次的五年规划或计划中，也能对短短40余年深圳产业演化变迁有一个大致的认识。

参阅1982年拟定的首份发展规划《深圳市社会经济发展规划大纲》以及1983年发布的《深圳市国民经济和社会发展第六个五年计划》，可知深圳最初并没有形成一个完整的发展什么产业的设想，其指导思想是“把特区办成兼营工、商、农、牧、住宅、旅游等多种行业的综合性特区”。“工业的发展和‘外引’、‘内联’必须是有计划、有步骤地引进技术设备先进、没有污染、在国际上具有较强竞争能力的生产项目，特别是电子工业中的大规模集成电路、电脑装置产品和电子元器件等，建材工业的水泥、高档铝窗、盥洗洁具，轻纺工业中的畅销产品，迅速形成特区的社会生产力；农牧业坚持‘主要是为特区建设服务，同时为出口服务’的生产方针，调整布局，改革结构，对养殖业、种植业进行技术和品种改造，建设鲜活农副产品生产基地，使广大农村成为特区的稳定后方；商业、住宅、旅游业要协调地发展，为特区建设积累资金，提供条件。”

1986年发布的《深圳经济特区“七五”经济社会发展规划纲要》明确要“建成以工业为主、工贸结合的外向型经济，把更多的先进技术引进来，使更多的产品进入国际市场，进一步发挥‘四个窗口’和‘两个扇面’的作用”。其中，工业领域 “主要发展用先进而适用的技术装备起来的传统工业，力求技术起点较高，产品能更多地外销。有重点、有选择地发展技术密集型、知识密集型项目和高科技产业，适当发展能出口创汇的劳动密集型项目，通过调整逐步建立合理的、灵活应变能力强的行业结构和产品结构”。同时，加快建设能源、电信、交通等特区发展薄弱环节，重点抓好宝安县的农业发展。

1990年发布的《深圳市国民经济和社会发展“八五”计划和十年规划》强调“争取在本世纪末把深圳建设成为以工业为主、工贸技相结合、外向型、多功能、综合性的经济特区”。“到2000年，要使采用先进适用技术的传统产业和高科技产业成为深圳国民经济的主导产业，使技术进步成为经济发展的主要动力。重点发展第二产业，大力发展第三产业，相应发展第一产业，使工业、贸易、金融等成为经济发展的支柱行业，使深圳的产业结构体现以出口为主的外向性，能根据国际市场的变化及时自我调整的适应性，有别于内地、接近中等发达国家产业结构比例的特殊性，使经济发展逐步实现由速度型向效益型的转变，形成少投入、多产出、高效益、低消耗的良性循环。”

1996年发布的《深圳市国民经济和社会发展“九五”计划》提出实行“三个一批”和“三点一线”的发展战略。“三个一批”是指形成一批主导产业和支柱产业，发展一批大型企业集团，创造一批名牌产品。“三点一线”是指推动外引内联向高层次发展，使深圳成为连接国际、国内两个市场的枢纽。明确要“实施遵循‘以高新技术产业为先导，先进工业为基础，第三产业为支柱’的产业发展战略，加速产业优化升级进程”。

2001年发布的《深圳市国民经济和社会发展第十个五年计划纲要》首次明确了深圳三大支柱产业提法：“以高新技术产业、现代物流业、现代金融业为支柱，以传统优势产业为基础，实现三次产业协调发展和全面升级。”其中，以信息技术、生物技术、新材料技术为重点，大力发展高新技术产业。

2006年发布的《深圳市国民经济和社会发展第十一个五年总体规划》进一步把深圳的支柱产业由三个拓展到了四个，“以电子信息产业为主导，适度重型化制造业为重点，现代服务业为支撑，加快发展高新技术产业、现代金融业、现代物流业和现代文化产业四大支柱产业”。其中，增强计算机及外部设备、数字视听、通信设备、微电子及基础元器件、软件、机电一体化机械设备及仪器仪表、医疗器械等优势产业的区域集群优势，大力发展生物技术和新材料新能源两大新兴高新技术战略产业，鼓励发展汽车电子、平板显示器件等新兴产业，力争实现高新技术产业新的跨越式发展。

2011年发布的《深圳市国民经济和社会发展第十二个五年规划纲要》首次提出发展六大战略性新兴产业："坚持市场主导与政府扶持相结合、科技创新与产业化相结合、整体推进与重点突破相结合，加快发展生物、互联网、新能源、新材料、文化创意和新一代信息技术产业，积极培育节能环保、海洋经济、航空航天等产业。实施战略性新兴产业振兴发展规划、产业专项资金扶持计划。"

2016年发布的《深圳市国民经济和社会发展第十三个五年规划纲要》把六大战略性新兴产业拓展为七大战略性新兴产业，"壮大互联网、生物、新能源、新一代信息技术、新材料、文化创意和节能环保等战略性新兴产业"；同时提出了发展四大未来产业，"拓展未来产业发展空间，加大生命健康、航空航天、机器人、可穿戴设备和智能装备等未来产业培育发展力度"。

2020年发布的《深圳市国民经济和社会发展第十四个五年规划和二〇三五年远景目标纲要》对七大战略性新兴产业作了部分调整，"发展壮大新一代信息技术、生物医药、数字经济、高端装备制造、新材料、绿色低碳、海洋经济等战略性新兴产业，增强要素保障能力，构建一批战略性新兴产业增长新引擎"。2022年6月深圳市政府发布《关于发展壮大战略性新兴产业集群和培育发展未来产业的意见》，提出20个战略性新兴产业集群发展重点细分领域，以及8个未来产业重点发展方向。2024年3月深圳市委办、市政府办印发的《关于加快发展新质生产力进一步推进战略性新兴产业集群和未来产业高质量发展的实施方案》，对"20+8"战略性新兴产业和未来产业作了部分调整，形成深圳"20+8"的2.0版本（如表7.1）。

表7.1 深圳“20+8”的产业集群和未来产业

“20+8”1.0版本		“20+8”2.0版本	
战略性新兴产业集群	网络与通信	战略重点类产业集群	半导体与集成电路
	半导体与集成电路		人工智能（升格）
	超高清视频显示		低空经济与空天（新增）
	智能终端		新能源
	智能传感器		智能网联汽车
	软件与信息服务		生物医药
	数字创意		高端医疗器械
	现代时尚	优势拓展类产业集群	网络与通信
	工业母机		超高清视频显示
	智能机器人		智能终端
	激光与增材制造		软件与信息服务（合并）
	精密仪器设备	基础支撑类产业集群	智能传感器
	新能源		高端装备与仪器（合并）
	安全节能环保		机器人（调整）
	智能网联汽车		高性能材料（调整）
	新材料	综合提升类产业集群	数字创意
	高端医疗器械		现代时尚
	生物医药		安全节能环保
	大健康		大健康
	海洋		海洋
未来产业	合成生物	5至10年内产业规模实现倍数级增长	合成生物
	区块链		光载信息（调整）
	细胞与基因		智能机器人（新增）
	空天技术		细胞与基因
	脑科学与类脑智能	10至15年内发展成为战略性新兴产业中坚力量	脑科学与脑机工程（调整）
	深地深海		深地深海
	可见光通信与光计算		量子信息
	量子信息		前沿新材料（新增）

笔者曾参与深圳与内地多个城市的一些产业规划课题研究咨询工作，明显感受到深圳与内地一些城市产业规划编制的底层逻辑的巨大差异。深圳产业规划主要方法是顺势而为，结合国家产业政策方向，调研头部企业、机构的想法，大致就可形成规划引导的主要内容；而内地一些城市的产业规划会“无中生有”，由于没有成熟的市场主体的集聚，这就需要生硬地落实上级规划内容或生搬硬套其他城市经验。更直白一点说，深圳的产业之树生机勃勃的生长演化根本在于，有市场主体的“种子”，有市场经济肥沃的“土壤”，有多寡适宜的“阳光雨露”（如图7.3）。当然，想有“种子”“土壤”“阳光雨露”，政府应主动作为，培植市场主体，增强“土壤肥力”等；但政府规划绝非像神笔马良的神笔一样，只靠“笔头”就能规划出一个具有生命力的产业生态来。

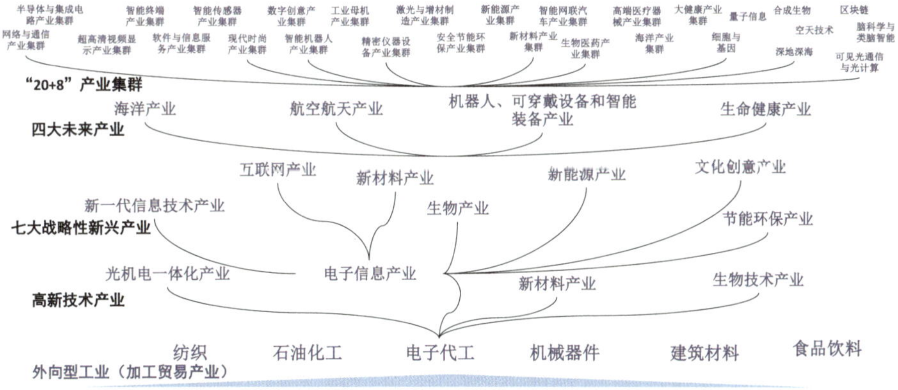

■ 图7.3　深圳经济演化的产业之树

第六节
从品牌看未来

笔者曾在一次新书发布会作为演讲嘉宾谈到一个问题，长三角地区和珠三角地区，谁更能代表中国经济的未来。我们常常听到一个说法，一流企业做标准，二流企业做品牌，三流企业做产品。如果按照这个说法，从地区经济发展的角度，那就是谁更有潜力、更有未来，不是看哪个地区产品种类多、生产规模大，而是要看哪个地区的品牌影响力大，哪个地区有足以影响产业发展方向的知识产权，哪个地区可以形成行业普遍认可的各类标准。这里的“标准”绝不是编制几个规范性文件，参与一下国标制定，署上公司的名称就可以了。有没有做标准的实力最简单的判断就是，你能否依靠标准而坐收通道的红利、获取竞争的优势。实事求是地讲，华为公司等国内少数企业在5G通信领域具备了做标准的实力，但绝大多数的国内企业尚且缺乏。因此，退而求其次，笔者认为，现在比较各地区品牌发展状况，一定程度上就可体悟到哪个地区的发展前景会更加广阔和光明。

从品牌的角度看，珠三角地区早已领先长三角地区。以2024年中国最有价值品牌排行榜为例，该榜单由睿富全球排行榜资讯集团与北京名牌资产评估有限公司联合发布，其中青岛所在区域和海尔系品牌占据高位，当然北京的品牌亦众多。但值得注意的是，该榜单在评价长三角地区和珠三角地区时，没有受评价机构“家乡情结”的影响。另外，国内知名的一些企业，像华为和荣耀这样的领军企业品牌并未出现在榜单上。可见许多优秀企业并未参与此榜单排名，这份榜单评价的知名品牌并不全面。即便如此，它仍为我们提供了一个有价值的参考（如表7.2）。

表7.2　睿富全球2024年中国最有价值品牌排行榜TOP50

排名	品牌	品牌价值分数/分	所在区域
1	海尔	4768.66	济青烟
2	阿里巴巴	4392.88	长三角
3	五粮液	4072.69	川渝
4	腾讯	2467.83	珠三角
5	茅台	1708.06	贵州
6	美的	1640.72	珠三角
7	联想	1455.65	京津冀
8	TCL	1369.28	珠三角
9	京东	1290.39	京津冀
10	中国一汽	989.5	长春
11	比亚迪	878.28	珠三角
12	百度	728.05	京津冀
13	双汇	675.9	河南
14	伊利	660.33	内蒙古
15	青岛	659.65	济青烟
16	长安	592.57	川渝
17	日日顺供应链	559.59	济青烟
18	泸州	558.21	川渝
19	洋河	525.63	长三角
20	万科	469.06	珠三角

（续表）

排名	品牌	品牌价值分数/分	所在区域
21	杏花村	447.78	山西
22	蒙牛	424.82	内蒙古
23	安踏	420.15	福建
24	雪花	416.29	珠三角
25	古井贡	398.49	长三角
26	创维	378.42	珠三角
27	波司登	355.06	长三角
28	云南白药	307.82	云南
29	同仁堂	297.72	京津冀
30	中免	295.88	京津冀
31	五粮春	262.88	川渝
32	海天	254.58	珠三角
33	燕京	218.86	京津冀
34	五粮醇	186.99	川渝
35	999	178.93	珠三角
36	金融街	160.99	京津冀
37	金德	156.08	河南
38	李宁	151.5	京津冀
39	永辉	148.68	京津冀
40	哈药	148.05	哈尔滨
41	光明	146.66	长三角
42	雅戈尔	122.43	长三角
43	古船	116.23	京津冀
44	鄂尔多斯	116.14	内蒙古
45	解放	94.59	吉林
46	天士力	93.88	京津冀
47	宇通	92.54	郑州

（续表）

排名	品牌	品牌价值分数/分	所在区域
48	双鹤	89.16	京津冀
49	三元	87.42	京津冀
50	梅林	81.09	长三角

（资料来源：睿富全球排行榜资讯集团、北京名牌资产评估有限公司2024年9月26日发布）

在榜单前50名中，珠三角地区的品牌数量多于长三角地区，且综合排名亦更靠前。值得一提的是，珠三角地区的品牌大都属于科技类和新兴产业，预示着发展潜力较大。再观察长三角地区的企业，除了个别突出品牌外，大部分仍停留在传统行业，更多是享受过去红利的释放。事实上，当我们提及珠三角地区的深圳时，华为、中兴、大疆、比亚迪、腾讯等品牌会立即浮现在脑海中。然而，当我们谈及长三角地区的上海时，却很难立即联想到具有影响力的品牌。这种现象背后所揭示的，正是珠三角地区和粤港澳大湾区在多样性方面的优势，能够不断涌现出更具生命力的企业和产品，进而赢得了大众的广泛认可。

以上比较绝非“拉仇恨”，而是想以此引发更多的思考，不同的地区有比较才有鉴别，有进步，有发展。笔者也不认为珠三角地区未来一定会比长三角地区好，珠三角地区未来更好的前提是，不能忘记其长期以来形成的开放、包容、冒险、务实的文化传统，不能忘记当前如此有生命力的品牌企业是如何生长的、政府是如何培育呵护的，绝不能一味地强化政府干预经济发展，绝不能一味地强调行动一致的所谓创新。

第八章

尊重人民主体地位和发挥群众首创精神

深圳经济特区的建设，充分依靠了人民群众，服务了人民群众，保障了人民群众自由流动、自主择业、脱贫致富、公平竞争、追逐梦想的合法权益和人性尊严，激发了来自全国乃至全球的特区建设者们的创新、创业、创意、创造精神，释放中国特色社会主义解放和发展生产力的巨大潜能。是人民群众创造了深圳经济特区的历史和辉煌。

第一节
人民是历史的创造者

有一次同事彭晓钊告诉笔者他的一个发现：为什么美国变得强大？因为各色人等均能在美国找到他们的优势所在，赢得良好的生存发展空间——英法德等欧洲裔美国人家族背景强大，政治兴趣浓厚，他们善于平衡博弈，热衷参与解决社会问题，可以做政治家、社会工作者；犹太裔美国人往往善于钻研，善于经营，他们可以做科研，做企业，成为科学家和企业家；中国裔美国人则善于学习模仿，大都有按部就班、吃苦耐劳、厚积薄发的品质，他们可以做工程师、技术员，当然也不乏科技领域的企业家、管理者；印度裔美国人重视教育，善于交际与表达，擅长管理与协调，他们可以做大型企业的管理者、CEO（首席执行官）；非洲裔美国人身体素质好，音乐节奏好，他们可以从事体育、音乐工作，当球星、艺人。

笔者想想，有道理啊，我们所在的深圳难道不也是这样吗？香港人先富裕，有经验，他们最先来深圳设工厂，搞贸易；广东潮汕人有头脑，敢冒险，他们来深圳做买卖当老板；山东人懂政治，东北人能说道，他们来深圳做官员做得好；全国各地的大学生以及有想法、有学识及不安于现状或不满于现状的人们，来深圳可以做管理，做技术，成为企事业单位发展的中坚力量；而来自两湖、两广、江西、四川、河南等人口大省（区）的大批农民工到深圳就业，获得相比以往祖祖辈辈面朝黄土背朝天“土里刨食”更好的收入；等等。深圳也是一个各类人都可以各尽其能、各取所需、各得其所的地方。

后来笔者问过很多来自潮汕的朋友一个问题：为什么潮汕人在深圳能吃苦、敢拼搏，出了很多大老板、大企业家，非常优秀，但潮汕地区至今发展得却不尽如人意？他们给笔者讲了很多他们自己的看法，例如当地的官场风气不佳，当地的区位条件不好，当地的人才都流出了，当地的产业发展滞后了，云云。笔者说自己也有一个看法，请你们批评指正：我们常说“一个好汉三个帮”，潮汕人的文化里有海洋文明中敢冒险、懂分享、重契约的传统，但在潮汕大家如果都是“一个好汉”，众多的“好汉”集聚往往就会有“事未干，先自掐”的问题；但当潮汕人来了深圳，便可以有“三个帮”，有人帮着对接市场，有人帮着组织管理，有人帮着跑腿打杂，于是在一个敢于担风险的潮汕老板的领导下，一件高风险的事情真的就干起来了。

说到潮汕人，记得2019年6月的一天，我就粤港澳大湾区规划发展的主题去给星河集团讲课。其间，黄老板给笔者讲述了当年他在农村出生，小学辍学，然后从普宁走出来，从做苦力到做上包工头，再到创办企业，一路走来，以埋头苦干的精神、合作共赢的姿态、低调谨慎的态度，实现了从打工仔到大富豪的华丽转身。他给我留下了两个非常不错的印象，一是敢闯敢做。深圳建立经济特区时来深圳的普通打工人只看到 “自个有干不完的活儿”，而黄老板则看到了“带着一帮兄弟赚更多钱”的机会。二是懂得分享。黄老板跟我讲，最早他和表哥都在韶关打工，后来他来到深圳。表哥一次来看他，他请表哥吃了大餐，表哥便认为他发了大财。他说，他不是发了大财，而是更愿意分享。黄老板常说一句话“你不好，我好个鬼”。

伟人曾说，人民是历史的创造者。深圳经济特区作为典型的移民城市，45年来正是坚持以开放的姿态拥抱人民群众。人口管理制度变化从边防证到暂住证、居住证，再到积分入户，不断降低人口流入和入籍门槛，尊重人民群众自由流动、自主择业权利，激活了人民群众创造历史的磅礴之力。从两万基建工程兵南下到百万人口大迁移，深圳实现了城市人口数量的急剧增长，如图8.1，1979年深圳户籍人口31万，非户籍人口1500人，非户籍人口尚不足户籍人口的0.5%；1989年非户籍人口数量首次超过户籍人口，在全市常住人口中所占比重迅速提升。随着深圳入

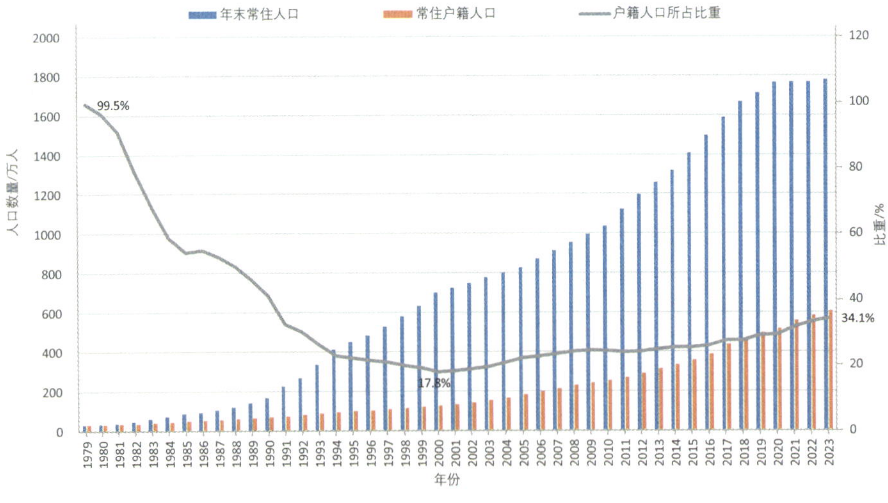

图8.1 1979—2023年深圳常住人口数量情况

（数据来源：深圳统计年鉴）

户政策放宽，户籍人口所占比重开始出现上升，2023年深圳的常住人口达到了1779.01万，这已是一个超级大城市的人口规模，其中，户籍人口占比34.1%。在这片热土上，不唯出身论，不唯学历论，不唯起步的事业属于科技创新论，一批批的拓荒牛深耕了深圳市场经济发展的土壤，一批批的“黄老板”发现了创造财富的机会，一批批的“好汉帮手”大量集聚，各显神通，共同创造了仍在动态演进的“深圳奇迹”。

第二节
来了就是深圳人

20年前一句来自深圳民间的口号“来了就是深圳人”，引起了社会的共鸣，在2010年深圳报业集团发起的“深圳最有影响力十大观念”评选活动中名列第十位。它也成为至今仍体现着深圳精神和魅力的一面亮丽的旗帜。一句说辞为什么如此有生命力？因为它不仅仅是一句说辞，它是一个可感知、可感悟的深圳经济特区实践的形象总结。

从大的维度说，深圳经济特区的改革开放探索试验，率先打破了“铁饭碗”劳动用工制度和“大锅饭”工资分配制度[①]，率先推动了土地制度、产权制度重大变革，率先引入了“三来一补”制造模式，率先制定了无形资产入股、知识产权保护、科技金融服务等创新政策，构建了公平、公正、公开的市场经济体制和人尽其能、物尽其用的激励相容的市场环境，形成了开放、自由、竞争的市场经济文化以及契约精神、

① 1980年深圳首先在中外合资企业试行劳动合同制，1981年广东省人大颁布《经济特区企业劳动工资管理暂行规定》，正式确立经济特区企业自主用工和劳动合同制度。1982年深圳在中港合资企业试点“基本工资+职务工资+浮动工资”的新工资制度，1984年颁布《深圳市工业行业、工厂工资改革方案》，决定由企业自主选择工资分配形式。

规则意识、价值法则，唤醒了人们的自由意志、创富激情和创造欲望，天南海北千千万万的创业者、求职者和体验者“孔雀东南飞”，扎根深圳干事创业和生活。而移民社会、市场经济、服务政府的建设又构成了开放包容的城市基因，演绎了跨越发展的城市传奇。人们获得了更多自由选择权利，在追逐财富创造的同时，越来越多的人又选择去帮助他人，以此实现更多的非物质满足感。全国第一个义工组织、第一部地方性义工法规、第一支支教队伍、第一批国际义工等均诞生于深圳。截至2024年底，深圳注册志愿者数量超过400万，占常住人口比例超过22%。

从小的维度说，深圳的常住人口来自全国各地、天南海北，日常主要用普通话交流，巴士、地铁等公共交通工具播报采用普通话和英语。大家的生活习惯、人情风俗、方言母语各不相同，没有一个能“一统江湖”，呈现一种各美其美、美美与共的状态。一个从外地来深圳的人想在深圳偶遇当地当年的“土著”，是一件极小概率的事情。笔者以前春节假期回河北老家，在亲友或同学聚会上，经常有人让我说粤语，我常常说不上来，蹦出的几句蹩脚的粤语，还不如一些人仅从爱唱的粤语歌曲中学得的地道。对绝大多数深圳常住人口而言，在这里工作生活没有明显的他乡感，不会受到什么人歧视，甚至敌视，同时又减少了在家乡七大姑八大姨之类复杂社会关系的羁绊，可以心无旁骛地做自己想做的事情，成为自己想成为的人。

第三节
“没人关心你是否吹牛”

笔者曾于2009年牵头承接了深圳市政府委托的关于支持华大基因产业化的一个研究课题，对华大基因早期来深人员做过一系列的访谈调研。1999年华大基因创始团队因参加国际人类基因组计划而于北京组建，短时间内就把基因测序能力及基因组分析能力做到当时的亚洲第一、世界第三。而华大基因主力团队在2007年南下深圳，从承载“基因科技造福人类”宏大愿景的华大基因研究院做起，做科研，发文章，搞产业，现已培育了华大基因、华大智造两家上市公司。

对此，上海《解放日报》2009年刊登的一篇评论文章《“华大”为何与上海失之交臂》（如图8.2），认为华大基因落户深圳是因为深圳对其“高看一眼，厚爱三分”，“不仅因为深圳给予了无条件的资金补助，更重要的是他们有灵活的机制”，政府费尽心思把华大基因“民办非企业的公益研究院”正名为“民营事业单位”；并建议上海加快推进国家新药研究实验室落户，对创新产品在本地产业化出台专项政策和提供资金支持。现在回头看这篇评论文章结论建议的那些措施，人们早已耳熟能详，而且十多年来一直都非常正确——政府招引企业、落地项目，无外乎就是“给

曾被认为“不伦不类”的基因研究项目最初有意落沪最终花开深圳

“华大”为何与上海失之交臂

专家指出：需对政策环境人才成本及产业链缺失环节作反思

解放分析

本报记者 张骏

深圳华大基因研究院的测序能力及基因组分析能力位居亚洲第一、世界第三，其负责人曾想将项目落户上海，最终未能“生根”，而到了深圳“结果”。市政协《突破上海生物医药产业化发展瓶颈问题的对策建议（草案）》中提出的这一“华大现象”，不少委员、专家认为值得深思。

近日，由市政协教科文卫体委、民革市委、九三学社市委、市科协、上海科技成果转化促进会等单位联合完成的针对生物医药产业化的建议案出炉。在分赴各地调研时，深圳“华大现象”引起了课题组兴趣，之后专门形成了一个分报告。

为何不能“高看一眼厚爱三分”

“华大负责人曾在六七年前一路南下，准备进入上海，但最终还是选择了深圳。不仅因为深圳给予了无条件的资金补助，更重要的是他们有灵活的机制。”参与调研的市政协委员、上海大学生命科学院院长许政暟说，华大的运作模式不像企业也不像学术机构。进入深圳后，从最初定位的“民办非企业的公益研究院”到后来的“民营事业单位”，政府为其“正名”费足心思。华大的“2+2+X”的人才队伍也有可圈可点之处。他们直接从大学2年级挑选人才，进入研究院再学2年，之后外派几年作研究工作，即“X”，而工作人员在研究院的2年学历受外界认可。

“高看一眼，厚爱三分。这是深圳对华大的态度。”

（下转第8版）

图8.2 《解放日报》文章《“华大”为何与上海失之交臂》

地、给钱、给特殊”嘛。

也许事实就是如此，但华大基因在深圳一路走来还是另有一些缘由的。记得那时一位接受我们访谈的华大公司资深人员谈到，当年华大基因决定走出北京，思考走向何处时，确曾考虑上海、杭州、深圳三个城市。来深圳后她产生的感受就是，“原来华大基因做什么事情，很多外边的领导可能觉得我们在吹牛或犯错，他们就会主动阻止我们在错误的道路上越走越远；而来到深圳，我感觉这里的很多领导或许也觉得我们在吹牛，但他们的态度是你们爱干吗干吗，别带来麻烦就行”。

十多年飞逝，笔者并不能断定华大基因发展历程就是成功的、可资借鉴的，但华大基因的发展显示出深圳营造了宽容氛围，支持有梦想者依法合规勇敢去实现自己的梦想，即使旁人不理解、不认同，也不会作先验性的价值判断，更不会去横加指责和野蛮干涉他们的行动选择和自我努力。这也是深圳为什么创新创业活跃，为什么会吸引那些有梦想的人源源不断前来的一个原因。

第四节
不找市长找市场

深圳市原副市长张思平曾在《财经》杂志等单位联合主办的“科技与创新2018——全球智能化商业峰会”上说：“据我几十年来的经验观察，凡是天天找市长，向政府要政策的企业，或者采取各种方式，甚至不择手段去争取政策资金支持的科技企业，没有几个最终成功。”诚如其言，深圳经济特区建立以来，这里的人们可感知的一条重要经验就是“不找市长找市场”。记得笔者刚来深圳参加工作不久，我们的课题负责人带笔者和同事与他的几位小企业主朋友聚餐。闲聊中，笔者惊讶地发现，这些小企业主竟然不知道当时深圳的市长姓甚名谁。当然，现在笔者已不再对此大惊小怪了。人们肯定会疑惑，为什么在深圳可以“不找市长找市场”？

笔者认为，深圳经济特区以“三来一补”产业起步，外汇调剂制度改革突破，推行差异化的城市更新政策，等等，深圳种种城市发展的重大战略举措，均体现了对市场自发行为的重视和尊重，特别是在当时制度框架下不直接取缔和扼杀这些行为，而是把“合理不合法”的争取成“合理又合法”，把发展生产、改善生活的自主权交给人民群众，发掘了经济发展和改革突破的真正着力点。正是由于没有盲目搞“赶超战略”“本本主义”“一禁了之”，深圳长期保持市场的有效激励和动力活力，营造出“不找市长找市场”的氛围，激发人民群众创新创业的热情。

2025年初，笔者和来自天南海北的几个朋友小聚，不经意间，有一位朋友谈起了深圳的企业家。他说：“相比于某些成名的企业家纵论天下，不知为什么深圳的马化腾、马明哲、汪涛等企业家都显得特别低调？”大家说来说去，也没得出一个显而易见的结论。又过了段时日，在我们脚下地球另一边的美国，“钢铁侠”埃隆·马斯克超级高调地参政议政，他口无遮拦的涉政言论、疾风暴雨似的涉政行为轰动一时。随之而来的是，特斯拉股价暴跌，X社交平台遭到大规模攻击，这是短时冲击还是长期影响，我们至今尚且不能得出结论。接着的消息是，马斯克已离任特朗普政府“政府效率部”并与特朗普发生公开争论。

就在听着此类新闻时，笔者突然想起了已故的管理学大师彼得·德鲁克曾警告企业领导人对于社会责任的态度。“毋庸置疑，领导团体肩负重责大任，而逃避责任将为社会带来莫大的伤害。然而，危害更甚的是坚持为自己不必负责的团体负责，夺取不属于自己的责任。”“因为‘责任’也代表‘职权’，权与责相互依存，缺一不可。主张管理层在某些方面的责任，就必须赋予其相对的权力。我们有理由认为自由社会的企业管理层对于大学、文化、艺术、新闻或外交政策等领域，应该拥有任何职权吗？不用说，这样的职权是社会无法容忍的。”[①]笔者的理解是，德鲁克认为，企业家及企业管理层应承担相应的社会责任，但绝

① 德鲁克. 管理的实践[M]. 北京：机械工业出版社，2006：383.

不能越界抢夺了本应属于政府和社会组织的应有责任，否则就会被责任“反噬”。

也许有些企业家并没有专门读德鲁克的著作。我们对每个人具体采取低调姿态还是高调姿态，也不能轻易说好或坏。但他们本分的精神、务实的态度，有为有不为，知足知不足，却印证着德鲁克的理论研判。

第五节

纯粹干事创业的人

笔者闲暇时常阅读以“深圳口述史”“深圳四大支柱产业的崛起”等为主题的书，以及大量曾在深圳工作过的前辈们的回忆性文章，深深感知深圳经济特区取得的成绩不仅得益于改革开放时代的洪流，得益于市场经济直接利益的驱使，更是得益于一批经济特区开拓者、建设者发自内心的愿意作为、敢于作为和善于作为，且不太计较个人荣辱得失。干事创业的人总能找到干事创业的理由并说干就干，而喊干事创业口号的人总能发现干事创业的限制条件，往往说说就算。深圳之所以能快速崛起，是因为历来虽有“喊干事创业口号的人”，但也从不缺乏真正“干事创业的人”。记得一次笔者与退休的深圳市原副市长张鸿义一块用餐，在向他请教了一些当年金融改革创新的问题后，问他：“外界都传说，正是这些你们当年推动的改革引发的风波，使您之后的仕途受到了影响？”他非常平静地予以否认，并说他从中国银行深圳分行系统到深圳市政府工作，再从深圳市政府到中国银行港澳管理处、澳门分行工作，这符合他的专业背景和兴趣爱好。那时笔者真切感受到了一种侠之大者“事了拂衣去，深藏功与名”的人生境界。

还有两件事值得一说。一件是关于央行深圳分行原行长王喜义给刚刚成立的深交所紧急周转资金的事情。关于这一事件的过程，王喜义行长自己在一篇文章中叙述得非常清楚："从1990年12月1日试营业以来，深交所的运作还是正常的。只是在庄心一任深交所总经理时，有一天他电话报告我说，交易所的资金头寸没了，明天开不了门，请求深圳分行暂借10亿元救急，我答应了。我交代计划处处长和主管资金的副行长办这件事，主管副行长拒绝了。他说，总行最近有规定，信贷资金不能用到股票证券市场。我说，现在我们面临两个问题，一个是明天交易所清算不了，开不了门，可能闹出个全世界都知道的笑话；另一个是在信贷方面违一次规，保证深交所的正常运转。我们选哪一个？我的意见要选择后者。但我们的主管同志还是坚持不能违规。这样，我只好叫计划处的同志写签报，直接报我签批。为了照顾同志们的不同意见，我只批准暂借5亿元。结果次日下午庄心一给我来了电话，说5亿元已解决了问题。这时，我的一颗提起的心，才算放了下来。我想在信贷上违一次规，只是我的个人问题，而且不是为了什么私利，而如果交易所没有资金头寸，清算不了，发生了阻塞，开不了门，就是中国资本市场发展中出现的大局问题，就是改革的形象和改革政策的大局问题。"①

简单梳理以上事件的逻辑就是，对周转资金这件紧急且重要的事，领导的下属认为违规而拒绝执行，然而领导却不为难下属，同时毅然决然地自担责任和风险来推动落实。这与我们以往了解的一些地方领导"一票否决""一推了之"的做法完全不同。读深圳的历史过往，笔者

① 王喜义.深圳证券交易所成立始末(二)[J].金融博览，2012(5)：78.

总在想，是什么让这样一批经济特区的开拓者如此的果敢？一种“天下为公，亿兆己任”的胸怀？一种“留取丹心照汗青”的信念？虽不得而知，但我们必须承认世上一直是有这样的人的。

还有一件笔者自己经历过的事情。2016年笔者作为课题研究人员参与深投控公司战略规划，基本完成了编制工作。深投控公司新到任的董事长彭海斌有一天要听规划汇报。在汇报过程中，新任董事长结合他初来公司的一些调研，不断打断笔者的汇报，刨根问底地问一些问题。

例如，讲到如何安排下属企业五年规划目标时，笔者汇报说，现在基本做法都是子公司上报一个目标数据，母公司再结合战略规划拔高；子公司上报的显然是保守的数据，子公司再和母公司就目标数据不断协商博弈。如果深投控公司要建设国际一流国有资本投资运营公司，就不能按基本做法来做，因为世界上的一流公司往往不是这样确定下属企业的经营目标的。美国通用电气的功勋CEO杰克·韦尔奇就曾在他的书中披露，用经营目标的实现与否去判断下属企业的经营情况，就必须考虑企业经营会受到行业周期、经济政策等因素影响，因此，企业经营目标不宜用企业自身的趋势外推确定，否则就有可能“鞭打快牛”，而应该用与行业平均水平的比较、与先进企业的对标来确定。正是基于这样的考虑，通用电气有个众所周知的“数一数二”战略，即所属企业要做到行业的第一、第二，否则就不合格，通用电气就考虑更换经营者或卖出股票。

本来公司安排笔者的汇报时间是半个小时，但汇报持续了两个小时。走出会议室，笔者才发现会议室外还有很多人在等待，方知原来下午的议题还有很多。之后，记不清笔者又有多少次参与彭海斌董事长组织的战略讨论及落地执行的部署安排等有关讨论了。其间他有一次坚定的表态让我终生难忘。那是我们在讨论深投控公司五年规划发展目标的事，董事长认为既然深投控公司定了“高举高打”的战略，目标就不能定得过于保守。当时有人提醒他说：“董事长，国资委是要按照规划指标的偏离度进行考核的，如果咱们目标完不成，您的奖金绩效就会受到影响。”记得彭海斌董事长当时回应的大致意思就是，他回来深圳就是要干事创业的，“高举高打”的战略实施后，公司能完成一半的目标，对公司而言都是一个巨大进步，而个人得失无所谓，奖金绩效没有就没有吧。

现在想起来仍很感慨，深圳经济特区能取得如此成就，是因为有一批像彭海斌董事长这样的“敢干能干会干”的干事创业者；即使缺乏直接可见的利益驱动，他们仍会把干成事作为一种强大的驱动力。套用马斯洛的需求层次论就是，我们大多数的人出于生存、安全、爱和归属感的需要而努力，但也确实有一部分人是为了尊重和自我实现的需要而奋斗。

第六节
“千园之城”背后的民生保障建设

2004年5月笔者从大学来深圳实习，第一次踏上深圳的土地，除了留下“一下火车，扑面而来的热浪”的深刻记忆外，就是众多绿荫如织、繁花似锦的公园居然都免费面向公众开放。对比那时笔者读书所在的城市，“巴掌大”的一个公园都要收费，而且很多公园都破败不堪。后来笔者才慢慢知道，深圳这座城市由于发展得太快，在民生保障领域仍有非常多的短板和不足。20多年过去了，笔者也见证了它在保障均等化的基本公共服务方面所作的努力，特别是培育和建设了市场，发挥了市场优化配置资源的基础性和决定性作用，经济发展与税源财力、公共服务供给形成了良性循环。

首先是持续加大民生短板领域资金投入。近年来深圳出台了《深圳市人民政府关于深化住房制度改革加快建立多主体供给多渠道保障租购并举的住房供应与保障体系的意见》，完成市人才安居集团1000亿元注册资本金注入，着力推进建立“高端有市场、中端有支持、低端有保障”的住房保障体系。2019年以来深圳九大类民生支出占财政支出比重长期保持在65%以上（如图8.3），为保障和改善民生水平提供了有力支撑。

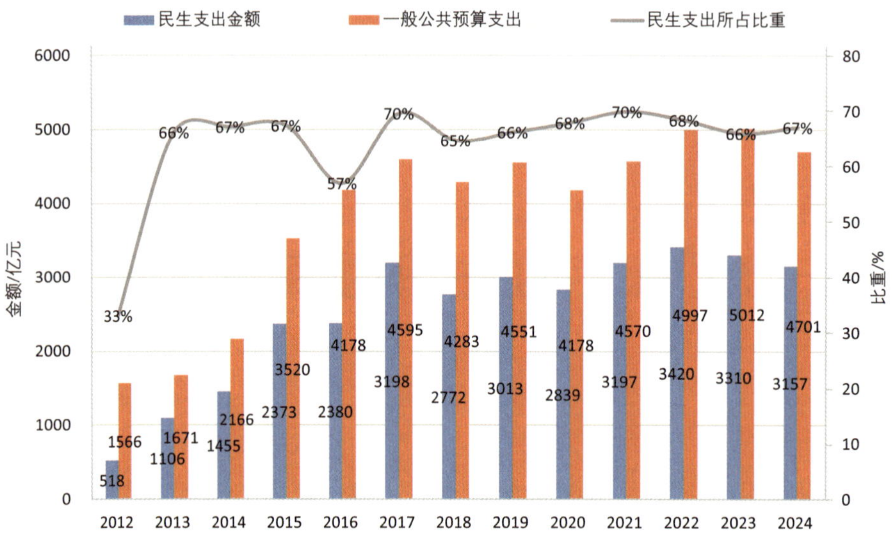

图8.3　2012—2024年深圳民生支出情况
（数据来源：深圳市财政局年度工作总结）

其次是扩大社会保障范围。伴随着经济社会发展，深圳不断扩大社会保障制度范围，提升社会保障的公平性和可持续性。2006年在全国率先推出劳务工合作医疗制度。2007年出台少儿医保制度，将广大劳务工子女纳入参保范围，同时加大财政补贴力度，确保所有应保少年儿童全部纳入少儿医保制度。2008年正式实施居住证制度，为非深户籍人群提供义务教育、医疗服务等领域平等权益，持证居民子女可在深接受义务教育，持证10年以上居民纳入社会保障体系。

第三是务实帮扶全国后发地区。深圳坚定不移抓好对口帮扶、扶贫协作等工作，把先发优势转化为先行责任，推动地区协同发展，朝着共同富裕方向稳步前进。积极参与粤港澳大湾区建设，与香港、澳门、广州等城市共建国际一流湾区和世界级城市群。按照中央和省委的统一安排，落实全国6个省（区、市）34个县（市、区）对口支援和帮扶任务，发扬经济特区敢闯和实干精神，因地制宜，创新模式，精准帮扶，帮助后发地区贫困群众脱贫致富，促进区域的协调、协同发展。

今天深圳建设的各类公园已超千个，但“千园之城”仅仅是建设高品质的免费公园吗？这里笔者想说的是，“千园之城”不仅仅是公园多、品质好，它更意味着城市高水平的民生保障能力、公共供给能力和社会治理能力。如果用这个标准看深圳，我们仍有很远的路要走。当然，“千园之城”的建设，不是一时之功，事实上也不能是一时之功；远的殷鉴有拉美地区经济发展跌入“福利陷阱”，近的教训有国内某些城市面子工程、形象工程带来沉重发展负担。我们对此既要有雄心，也要有耐心，从自我做起，从小事做起，从自己居住的小区做起，关心公共事务，参与公共治理，不是常说众志成城嘛，这个城市一定会变得更加美好。

立法先行，依法治市

深圳经济特区诞生始于立法，并在其45年的发展中积极开展试验立法和依法治市，探索社会主义市场经济新规则新秩序，以法治引导、规范和保障经济关系的公平公正和市场契约的高效履行，推动了城市治理体系和治理能力现代化，维护了生机勃勃且井然有序的经济社会变革和发展。

第一节
深圳经济特区的诞生

1980年8月26日，第五届全国人民代表大会常务委员会第15次会议批准了《广东省经济特区条例》，标志着深圳、珠海、汕头经济特区的诞生。人们一定会有疑问，创办经济特区的头等大事为什么是制定经济特区的条例呢？为什么还把这一天作为深圳等几个经济特区的诞生之日？

时任深圳市委第一书记、市长吴南生后来回忆："中央决定试办特区之后，海外的朋友对我说，你们中国是没有法的。无法可依，无规可循，要人家来投资，谁敢来？我感到当务之急就是要起草拟定一个由国家最高立法机构审议批准的有权威的法规。特区要同国际市场打交道，我们不能在试办特区问题上开国际玩笑。"[①]在时任广东省委第一书记习仲勋的领导下，由吴南生牵头通过香港收集了世界各地出口加工区和自由贸易区的资料，组织人员分析研究海外有关法律法规，起草《广东

① 卢荻，陈枫．经济特区是怎样"杀出一条血路来"的：吴南生访谈录[J]．广东党史，2008（3）：8.

省经济特区条例》。

当时在起草条例时，“适用的就照搬过来，要修改的就修改后再用”。条例虽然仅2000多字，但从起草到公布用了一年时间，做了13个草案文本，凝聚和体现了当时的开拓者们、改革者们的智慧和韧性。吴老特别提到了留下最深刻印象的是地租问题，“有人说，我们是社会主义，打倒了地主，怎么又要收地租呢？后来我们就改称‘土地使用费’，大家都觉得很好，很社会主义，反对的人也没意见”。此外，《广东省经济特区条例》属于地方性法规，而根据我国分级立法的权限，广东省人大即有权通过。但为了保障这部法规的权威性，最好能获得国家最高立法机关的批准，于是吴老向时任国务院副总理谷牧汇报时说：“社会主义搞特区是史无前例的，如果这个《条例》没有经过全国人大批准，我们就不敢办。”①

《广东省经济特区条例》较为全面地规定了经济特区的宗旨、性质、任务，以及国家关于经济特区的基本方针和政策，奠定了经济特区的改革开放创新试验的法律地位。以立法先行的方式设立经济特区，稳定了国际社会对中国改革开放和经济特区建设的预期，为保护投资者合法权益，吸引国际资本、人才、技术等稀缺资源创造了条件，更重要的是避免了后续的争论，排除了一些无谓的干扰，使经济特区的开发建设成为深入人心、不可逆转的长期国策。

事实上，以立法形式开启或保障一个特殊区域的开发开放，从此成

① 全国人大立法催生经济特区[EB/OL].（2010-09-06）[2025-04-03]. http://www.npc.gov.cn/zgrdw/npc/rdgl/rdsh/2010-09/06/content_1594847.htm.

■ 图9.1 福田红树林生态公园为深圳经济特区筑起坚固的“绿色长城”，同时还为超过10万只冬候鸟提供了迁徙中转站

为深圳自身建设或参与重大区域开发的一个重要经验。远的有深圳市人大1996年颁布的《深圳经济特区福田保税区条例》、1998年颁布的《深圳经济特区港口管理条例》、2001年颁布的《深圳经济特区高新技术产业园区条例》等，近的有深圳市人大2011年颁布的《深圳经济特区前海深港现代服务业合作区条例》、2020年颁布的《深圳经济特区前海蛇口自由贸易试验片区条例》以及广东省人大2023年颁布的《广东省深汕特别合作区条例》等，以此创造可预期的良好投资环境，保护投资者的合法权益，同时规范、保障和促进不同特殊区域达成既定的发展目标。

第二节
用好特区立法权

市场经济本质上是法治经济。唯有法治明确了规则，市场主体才能形成稳定的预期，并据此作出相应的决策。唯有法治维护了秩序，市场交易才能高效地达成，进而实现资源的优化配置。唯有法治保障了权益，人们才会主动参与市场交换，带来大规模的财富创造活动。转轨经济体的发展，因体制机制、经济结构的重大预期变化，特别需要立法和改革协调推进，把改革的成果用法治形式体现和巩固，同时以立法的形式为改革提供保障和引导。

早在1987年，深圳就组织了经济特区立法研讨会，邀请了国务院法制局、全国人大常委会法工委领导，国内的法学专家，以及珠海、汕头、厦门经济特区的代表参会，积极探讨经济特区立法的必要性和可行性。1989年深圳市委、市政府就向全国人民代表大会争取授权深圳市人大制定和颁布地方性法规。时任市委书记李灏在七届全国人大二次会议上发言，认为10年来深圳经济特区在中央、广东省领导下，制定了20多项单行法规，但远远达不到建立商品经济新秩序的要求，在工商企业组织、商品流通领域、金融票据和证券交易、交通运输等方面，立法几乎空白。一些行业和管理工作虽有立法，但不系统、不配套，且过度强调原则，运转起来有许多困难，难以做到依法办事，常常必须采取行政措施，才能行得通。由于立法层次多，周期长，按以往的经验，即便在广东省政府和省人大抓得紧的情况下，审议通过颁布一项法规所花的时间，最短也得半年；且省人大需要审议全省大量地方性法规，在一年6次的常委会会议上，对深圳经济特区涉及的大量法规很难全部安排审议①。

为了更好发挥特区立法试验功能，加快社会主义市场经济体制改革探索，1992年全国人大正式授权深圳经济特区立法权，深圳经济特区的“先行先试权”获得了有力的立法支持。深圳市原法制局局长张灵汉回忆：“在对授予深圳立法权的提案进行表决时，超九成委员投了通过票。就这样，历时五年，我们终于获得了梦寐以求的立法权。1994年，厦门经济特区获得立法授权。1996年，汕头和珠海经济特区也获得了立法授权。”②

此后，深圳市人大及其常委会制定了关于股份有限公司、有限责任公司、国有独资公司、国有资产管理、商事、企业清算、企业破产、物业管理、技术转移、科技创新、创业投资、知识产权保护等条例。这些法规规范市场主体，完善市场机制，促进科技创新和产业化发展，为深圳经济社会发展提供坚强保障，为国家相关领域立法提供了参考蓝本。

2000年我国《立法法》实施后，深圳再次获得较大市立法权，成为拥有双重立法权的城市。2019年中共中央、国务院《关于支持深圳建设

① 李灏.李灏深圳工作文集[M].北京：中央文献出版社，1999：270-281.

② 王穗明，林洁.深圳口述史1980—1992：上卷[M].深圳：海天出版社，2015：71.

图9.2 深圳至中山跨江通道是继港珠澳大桥后粤港澳大湾区建成的又一超大型交通工程

中国特色社会主义先行示范区的意见》发布，明确深圳要打造法治城市示范，用足用好经济特区立法权，在遵循宪法和法律、行政法规基本原则前提下，允许深圳立足改革创新实践需要，根据授权对法律、行政法规、地方性法规作变通规定。

深圳取得经济特区立法权，不仅减少了改革所需法律法规报批审议流程和时间，更意味着取得了改革创新的自主权，为突破体制障碍“先行先试”和构建社会主义市场经济制度体系创造了条件。以员工持股制度创新为例，1992年华为公司开始推行员工普遍持股制，开我国民营企业全面员工持股的先河。1994年，为规范各种形式的国企员工持股计划，深圳市政府出台了国企内部员工持股试点暂行规定。1997年，华为公司虽为民营企业，但其参照国企内部员工持股试点规定，将其员工持股方案上报深圳市体改办，体改办对华为公司内部员工持股方案作出原则同意的批复。2001年，深圳颁布公司内部员工持股规定，适用范围扩大到民营企业。当年，华为公司推出虚拟股票期权计划暂行管理办法，进一步确认了工会持股架构，工会以社团法人登记为公司股东，同样上报深圳市体改办并获得批复同意。在国家法律法规尚未全面覆盖产权制度有关领域之际，深圳正是出于对不同市场主体创新的鼓励和保护，规范了员工持股形式，规避了非法集资的法律风险，为其创新发展提供了有力支撑。

第三节
法治建设

深圳经济特区建立以来，在法治建设领域大致形成了三大体系：

一是市场法治体系

坚持以法治方式促进市场体系发育，保障市场公平竞争，维护市场经济秩序。在规范市场主体方面，制定了关于股份有限公司、有限责任公司、国有独资公司、国有资产管理、商事、企业清算、企业破产等条例，促进了大量市场主体的涌现和成长。在发展市场体系方面，制定了土地使用权出让条例、建设工程施工招投标条例、房地产市场条例等系列法规。在规范市场中介方面，制定了律师条例、注册会计师条例、行业协会条例等系列法规。在保障公平竞争方面，制定了企业技术秘密保护条例、知识产权保护条例等系列法规。在引导促进发展方面，制定了改革创新促进条例、金融发展促进条例、循环经济促进条例等系列法规。在保护社会发展方面，制定了住宅区物业管理条例、欠薪保障条例、公民无偿献血管理条例、人体器官捐献移植条例等法规。

二是法律服务体系

伴随着市场经济发展，在深圳诞生了新中国第一批执业律师，深圳逐步建立了相对完备的法律服务体系。1983年深圳成立了新中国第一家律师事务所——深圳市蛇口律师事务所。1988年段毅、武伟文、刘雪坛律师事务所成立，成为全国第一家私人律师事务所。1993年诞生了第一批合伙制律师事务所，带动全国合伙制律师事务所发展。2014年组织了法律服务专业人员担任社区法律顾问，实现“一社区一法律顾问”全覆盖。2018年国内首家外国律师事务所——美国布林克斯律师事务所在深圳设立代表处，2019年美国最大知识产权律师事务所斐锐律师事务所在深圳设立代表处。

三是专业司法体系

深圳积极设立新型专业机构，利用现代科学技术，提升司法专业能力，不断满足经济社会发展对司法工作提出的新需求。2017年深圳知识产权法庭和深圳金融法庭成立；2018年最高人民法院第一国际商事法庭落地深圳前海，设立全国首个自贸区检察院；2019年全国首家独立运作的破产法庭——深圳破产法庭成立，同年深圳中院与平安集团启动共建“智慧法院”。设立于1983年的深圳国际仲裁院与设立于1995年的深圳仲裁院在2018年完成合并，成为我国仲裁行业发展史上首例仲裁机构合并，并于2021年按照中央文件要求同时加挂“粤港澳大湾区国际仲裁中心”牌子，深化与港澳合作，建设面向全球的国际仲裁中心。

第四节
坚持依法行政

深圳经济特区各级政府在建设中国特色社会主义市场经济中，坚持依法行政和持续加强考核引导。1993年深圳作为广东省依法治省试点，出台国内第一个国家公务员管理办法，率先开展依法行政工作，规范了政府的权力和行为，保障了政策的稳定性、连续性和可预期性，使深圳成为“基本按照规划建设的城市”。1997年全市行政机关推广“窗口式办文”制度，以统一对外的发文室为窗口，所有来文一个窗口进、一个窗口出，中间环节由内部协调督办。1998年颁布《深圳市城市规划条例》，加强城市规划管理，保障城市规划实施。2003年，深圳通过《深圳市人民政府法律顾问工作规则》，成为我国内地最早探索法律顾问制度的城市之一。2004年深圳设立行政服务大厅，全面实行政务公开。2014年在全国率先制定商事主体行政审批权责清单及审批事项的后续监管办法。

早在1987年，深圳市政府就设立了监察局，成为全国恢复行政监察体制后组建的首个地方监察机关，积极探索行之有效的监督监察制度。2008年深圳颁布了国内第一个法治政府建设的指标体系——《深圳市法治政府建设指标体系（试行）》，并在2015年修订形成《深圳市法治政府建设指标体系》，指标覆盖政府各个领域各个部门各项工作，同时提高法治建设考评指标在政府绩效考评体系中所占权重，将绩效考核结果与公务员个人绩效工资直接挂钩；制订依法决策、依法管理、依法办事的民意考评办法，把考评结果作为干部任免的一个重要依据。

加强党的领导和党的建设

在革命年代，加强党的领导和党的建设的重要指向就是保障党领导的队伍打胜仗，取得革命的胜利。而在和平年代，加强党的领导和党的建设的重要指向则是保障社会主义各项事业蓬勃发展。兴办经济特区，是党和国家为推进改革开放和社会主义现代化建设进行的伟大创举。深圳经济特区始终牢记和坚决贯彻落实党中央兴办经济特区的战略意图，坚持党始终总揽全局、协调各方，把建设事业和党建工程紧密结合起来，确保了经济特区事业始终沿着正确方向砥砺前行。

第一节
坚持党的领航导向

1980年党中央和国家批准在深圳建立经济特区时，彼时的深圳不过是中国南海之滨的一个边陲小镇，经济基础薄弱，基础设施匮乏，但从那时开始，在党的领导下开启了一场波澜壮阔的经济体制转轨的伟大实践。2020年，习近平总书记在深圳经济特区建立40周年庆祝大会上的讲话指出："深圳是改革开放后党和人民一手缔造的崭新城市，是中国特色社会主义在一张白纸上的精彩演绎。"[①]正是由于持续加强党的领导和党的建设，深圳经济特区党组织的力量和精神面貌发生了深刻变化，使深圳这个城市在若干重要历史时刻均把握正确的发展方向，使经济特区开发建设的伟大事业不断迈向成功。

拉开深圳经济特区开发序幕

1981年深圳经济特区基础建设刚刚起步，经济特区党委就十分清醒

① 习近平总书记在深圳经济特区建立40周年庆祝大会上的讲话[N]. 人民日报，2020-10-15（2）.

地认识到，要建设好深圳需要做许许多多的工作，而最重要的，是要把经济特区的党组织建设好①。依托深圳经济特区党组织的坚强领导，深圳坚定不移地落实了党的十一届三中全会以来党的基本路线、方针和政策，激发了经济特区建设者们的改革激情和创新勇气，迅速拉开了经济特区改革、开放、创新和大规模开发建设的序幕。

带动深圳经济特区二次创业

伴随着深圳走过初创奠基阶段，市委领导经济社会发展的重要性更加凸显，深圳制度化的党代会应运而生。1990年中国共产党深圳市第一次代表大会提出了要当好探索中国特色社会主义道路的排头兵，把深圳建成“综合性经济特区和外向型、多功能的国际性城市”。1995年中国共产党深圳市第二次代表大会提出了“率先建立社会主义市场经济体制和运行机制”，把建成“社会主义国际化城市”作为未来发展的重要目标。深圳市两次党代会的成功召开，带动了深圳经济特区“第二次创业”，完成了系列系统性、策略性重大改革开放的任务，实现了城市主要产业形态从加工贸易到高新技术的重大转型升级。

加快深圳经济特区多维发展

2000年中国共产党深圳市第三次代表大会提出了“增创新优势，更上一层楼，率先基本实现社会主义现代化”。2005年中国共产党深圳市

① 深圳市委党校课题组.改革开放30年深圳经济特区党的建设回顾与思考[J].特区实践与理论，2008（6）：19.

第四次代表大会提出了在全面贯彻科学发展观的基础上，构建“效益深圳”和“和谐深圳”。21世纪头十年，深圳市两次党代会引领了深圳在继续保持经济较高增速的同时，迈出实现经济、社会、环境和人的全面发展的步伐，社会治安、城市环境等领域均实现了重大发展改善。

推动深圳经济特区高质量发展

2010年中国共产党深圳市第五次代表大会提出了“努力当好科学发展排头兵、加快建设现代化国际化先进城市”，围绕建设“智慧深圳”“低碳城市”的目标，大力发展新能源、互联网等战略性新兴产业。2015年中国共产党深圳市第六次代表大会则提出“深入贯彻落实党的十八大以来中央各项决策部署、习近平总书记系列重要讲话和对深圳工作的重要批示精神”，“努力建成现代化国际化创新型城市”。21世纪第二个十年，深圳市两次党代会突出和强化了城市的创新基因与优势，推动了深圳由高速度向高质量发展全面转型。

办更好更高水平的经济特区

2021年中国共产党深圳市第七次代表大会明确要“在更高起点上推进改革开放，把深圳经济特区办得更好、办得水平更高，奋力建设好中国特色社会主义先行示范区，创建社会主义现代化强国的城市范例，率先实现社会主义现代化，在新时代走在前列、新征程勇当尖兵”。在21世纪的第三个十年，党中央赋予深圳改革开放、创新发展的新历史使命，深圳市第七次党代会吹响了深圳经济特区迈向更高发展能级的时代号角。

第二节
干部队伍建设

一些来深圳调研的领导常常感慨，为什么深圳的领导干部往往“不待扬鞭自奋蹄”，涌现出令人惊叹的创新思路和创新政策。应该说这涉及如个人素质、文化氛围、环境条件众多因素影响，但笔者认为最关键的还是深圳长期坚持和灵活运用了党的组织建设重大原则。

例如，“不拘一格降人才”。深圳经济特区设立以来，各项事业迅猛发展，背后是深圳敢于打破论资排辈的局限，唯才是举，唯贤是用，大胆使用中青年干部，攻坚克难，奋发进取，实现了改革创新和城市发展的重大突破。印象深刻的是，近年来各大城市推行的“金融副市长”，在深圳20世纪80年代就开始实行。1986年，先后在中国银行广州分行、深圳分行工作的张鸿义开始担任深圳市副市长，时年41岁，在近9年任期中，他为深圳外资银行引进、股份制改革、资本市场建设等重大经济和金融的改革与创新突破作出了重要贡献。

再如，“五湖四海”。深圳经济特区与其他经济特区存在一个巨大差异——其经济基础特别薄弱。经济特区事业启动之初特别需要从全国各地选调优秀干部来深圳工作，这是可以理解的。深圳在发展历程中，

图10.1　深圳湾创业广场党群服务中心打造助力青年创业创新的红色引擎

把打破地域、身份等限制来广纳贤才作为一个重要的原则坚持至今。1990年李灏书记在中国共产党深圳市第一次代表大会上明确要求“领导班子要加强自身思想作风建设，要认真贯彻党的民主集中制，健全党内民主生活制度，坚持重大问题集体讨论决定，反对家长作风；坚持党性原则和顾全大局，反对个人主义和本位主义；坚持五湖四海，反对拉帮结派；严格党的组织纪律，维护党的团结统一”[①]。

还有，权利和责任一致。这里仅说说深圳的国资国企干部队伍管

① 参见李灏在中国共产党深圳市第一次代表大会上的报告，1990年12月15日。

理吧。国有企业作为市场主体，不同于党政机关和事业单位，需要参与市场竞争与合作，保障国有资产保值、增值。如果国有企业管干部任命的不管经营责任、管经营责任的又不管干部任命，那么被任命的领导干部重点考虑的可能就不是市场经营绩效，而是上级任命者的喜好。这就成为国企效率低下、内耗严重的一个重要原因。而深圳在国有企业领导干部的管理上作出了积极探索，早在1996年深圳市委、市政府就印发《深圳市市属国有企业领导人员管理暂行办法》，明确坚持“党管干部”原则与贯彻《公司法》相衔接，干部下管一级、管人管事既相互结合又合理制约的原则，市属国有企业领导人员及有关负责人分为市委决定任免、资产经营公司决定任免、企业决定任免三种：市委组织部主要负责市国资办、市级3家资产经营公司、市属2家银行及驻港深业集团等9家企业领导班子；3家资产经营公司负责市属19家一类企业领导班子考核任免，报市委组织部事后备案；市属二类、三类企业按下管一级原则管理。李子彬市长在其书中回忆说，“实践证明，这项改革有利于加强企业领导班子建设，有利于发挥企业党委的政治核心作用，有利于按照市场经济的要求，培育一批懂技术、会管理、善经营的职业企业家队伍”[①]。

① 李子彬.我在深圳当市长[M].北京：中信出版社，2020：296.

第三节
人才队伍建设

“党管干部，党管人才”是党组织人事制度的一个重要原则。深圳经济特区取得好的成绩的一个重要原因就是坚持了“党管干部，党管人才”原则，牢牢地围绕着人才需求，深化改革，搭建平台，广聚人才，“闯出了一条具有特色、轰动全国的人才工作新路子，不仅为特区事业起步、腾飞奠定了基础，也为全国人才体制改革探索了先进经验”[1]。

要让人才来深圳，留深圳

经济特区建设伊始，深圳打破了传统的干部调配制度，以赴外招聘、商调、选调、借调、对口支援等多种方式，吸纳各地人才来深就业创业，在极短时间内大量扩充了深圳的人才队伍。更重要的是，以蛇口工业区为代表，在全国率先打破了“铁饭碗”，实行聘用制和劳动合同制，让人才拥有自主择业、合理取酬的权利。这不仅极大激发了广大人才队伍干事创业的积极性和主动性，而且吸引了全国各地更多的干事创

① 路云辉.深圳党建创新之路[M].北京：中国社会科学出版社，2018：34.

业者向往深圳，齐聚深圳，为经济特区的建设和快速发展提供了强大的支持。

建设人才大市场

伴随着深圳经济特区快速发展，大量人才涌入深圳，大量企业、机构新设成立，人才求职需求与单位用人需求如何匹配，如何降低匹配的门槛和成本等就成为现实问题。深圳市人事局下属的人才服务公司顺势演化发展成为深圳市人才大市场，不仅解决了人才供需对接、大学毕业生接收、档案管理、人事代理、党团组织关系管理等问题，而且在方便用人单位选人用人的同时，支持了广大人才的流动和优化配置。时任深圳市人才交流服务中心主任郑举武撰文说："在深圳市人事局领导下，人才大市场大胆改革传统的计划切块分配指标的做法，将深圳市的增干指标投放到人才大市场，对深圳市每年增干指标实行了建立在新型政企关系上的'自助餐'式管理，用人指标由'分配制'转变为'核准制'，用人单位在人才大市场看中的人才，只要符合条件，可以申请指标，人事部门核准后，指标即可落实到人头。"[①]

① 郑举武，张文春. 驶向辉煌的明天：深圳人才大市场建设回眸[J]. 中国公务员，1999（10）：24–26.

第四节
“跟党一起创业”

伴随着中外合资、外商独资、私营企业、混合所有制企业等非公有制经济的快速发展，深圳在全国率先开展了新经济、新社会组织的党建工作，保障了党的领导、党的建设对经济社会各领域全覆盖，强化了党组织政治属性和政治功能，促进了新经济、新社会组织健康可持续发展。

特别是步入中国特色社会主义新时代后，深圳坚持新经济、新社会组织的党建工作和企业发展相结合，避免“空对空”的形式主义，走出了一条党建支持创新创业的特色之路。一个典型的案例就是，深圳地方国企深圳湾科技公司2015年在其所管理的创业广场设立深圳湾创业广场党委，以“跟党一起创业”为主题，集聚和服务十余栋高端商务楼宇内的党员、群众，开展各类创新创业活动。

创新组织架构。深圳湾科技公司是世界500强深投控旗下专注于科技园区开发、产业生态运营的国有企业。为了更好服务人才、服务群众、服务企业，深圳湾科技公司在深投控党委和南山区委支持下成立深圳湾创业广场党委，秉持“跟党一起创业”的核心理念，搭建了

“1+18”型组织架构模式，即在深圳湾创业广场的18栋商务楼宇分别建立了楼宇党组织，形成1个广场党委联系18个楼宇党组织的党建联动格局。

建设“3+X”功能性拓展型党组织。深圳湾创业广场党委班子成员由运营单位党委书记、市委组织部挂职干部、街道党工委副书记以及园区内龙头企业党组织负责人兼任。坚持实质大于形式原则，根据企业行业属性，组建了创业服务、创新企业和创投机构3个功能性联合党组织，孵化了若干个小微企业党组织。

形成5大共建机制。深圳湾创业广场党委充分发挥对创新创业的聚合引领作用，形成属地、职能、产学、运营、党企5大共建机制。一是属地共建，与属地街道党工委、社区党委等合作，解决企业安全生产、交通微循环等实际问题。二是职能共建，与南山区民政局、科创局、国税局等政府部门和群团组织合作，将政务大厅搬到企业中，提供工商、税务等一站式服务。三是产学共建，与高校、科研机构以及企业深度合作，推动产学研深度融合，助力企业创新发展。四是运营共建，发挥深圳湾科技公司党委的资源优势，联动各种天使投资基金，为创业者提供初始期融资服务。五是党企共建，借助园区企业的专业优势，合作开展各类文体活动，激发创业者的活力与热情。

打造党员教育管理平台。深圳湾创业广场党委在创业广场建立党群服务中心，统筹群团组织、专业服务机构、社会组织，构建服务型、开放型、集约化、互联互通的枢纽平台。同时以“五彩勋章集色”党建活动机制，引导党员参加党性红、公益绿、爱心粉、双创金、文体蓝五类活动，以及通过智慧园区APP、微信公众号、智慧党建体验机等方式，让园区党员及时学习党建理论。

服务人才和企业发展。深圳湾创业广场党委围绕“党建引领、服务发展”的工作理念，积极服务科技园区开发建设和高质量发展。该广场党委书记坚持定期拜访、调研代表性企业，党委委员积极联动企业，解决员工困难，促进产业合作，以大力推动导师问诊、开设创业公开课、举办投融资路演等多种形式，服务众多园区企业发展和人才团队创新创业。

当前，“跟党一起创业”已走出了深圳湾创业广场，成为深圳全市新时代党建实践的鲜明旗帜，其生动反映了加强党的领导和党的建设不是形式化的上传下达，不是程式化的死板落实，更不是自成一体的闭关修炼，而是对时代命题的精准回应，对大众需求的深情关切，对中国特色社会主义事业的开拓前行，对中华民族伟大复兴的奋勇前进。笔者相信，深圳将会继续探索更多的党建新模式、新路径，续写更多的“春天的故事”，让党的光辉在这片热土上永远闪耀。

发展更高水平的市场经济

深圳经济特区45年的发展证明了社会主义基本经济制度不仅可与市场经济结合起来，而且可与市场经济结合得好。它的成功经验如用一言以蔽之，那就是坚持了相对合理的想事干事的底层逻辑，而这个底层逻辑所指向的就是中国特色社会主义市场经济。因此，发展更高水平的市场经济，为中国特色社会主义制度的不断完善继续积累有益的经验，就是深圳未来努力发展的主方向。

第一节
开放，锻造市场韧性

苏联在成立初期利用西方国家大萧条“产能过剩”的条件，采取积极的对外政策，借助外商投资和技术合作，推动工业化的后发追赶。到冷战时期，苏联深陷“外部封锁”与“自我封闭”双重困境，由于长期脱离国际市场环境，在冷战霸权争夺中一步步被拖垮。当前，一些西方国家倒行逆施，妄图对我国重施对苏联的“强加成本”策略。因此，我们党和政府高度重视对外开放的战略意义，坚持“以我为主”稳步扩大对外开放，持续强化与全球产业链供应链的联系，同时精准把握对外开放的尺度和进度，积极培育并形成有效应对外部冲击的大国韧性。

深圳作为我国至今最为成功的经济特区，需要立足全国的开放大局，把扩大开放真正落实下去，牵引改革、发展、创新等各项事业迈上新的台阶，形成中国特色社会主义市场经济高水平发展的“千里沃土”。如果把未来的深圳比喻为一个自然生态系统，让笔者来想象一下，那就是“这里阳光明媚，气候温润，有来自七大洲的生灵，有来自四大洋的水汽；这里滋养了郁郁葱葱的参天古木，藤条绕地，孕育了数不胜数的珍禽异兽、奇花异草”。

那么当前的问题是，如何把扩大开放落实呢？深圳经济特区在设立之初，主要依托“三来一补”加工贸易融入全球分工体系，最大程度引入具有市场经济知识和经验的新利益群体，在最短时间内突破当时国内低收入水平下的市场空间局限，把握了产业迭代升级与企业国际竞合机会，持续产生了财税、外汇、金融、海关、港口等领域开放与改革发展的需求。鉴古知今，继往开来，深圳未来对外开放同样需要顺势而为。

相对于40多年前，服务业在各国经济发展中所起的作用与日俱增，服务的可贸易性和可拓展性获得极大改善。全球服务业增加值占GDP比重2022年已达66.6%，全球服务业出口额相当于货物出口额比重，由1979年的15%上升至2024年的34.5%（如图11.1）[①]；全球经贸规则正由关税、配额为主的边境规则向标准、竞争为主的境内规则演变。同时，全国对外开放形势也已发生了重大变化，传统“两缺口”模型中外汇、资本短缺的问题不复存在，国内经济从高速度增长加快向高质量发展转变，现代服务业已成为对外开放合作的重点领域。

在国内外形势变化中，服务贸易发展体现了全球分工格局的新内容和新趋势。伴随着制造业全球布局，全球服务供应链加速形成，发达国家跨国公司以设立区域总部、研发中心、采购中心和分销中心等方式，牢牢控制全球创新链、产业链、价值链的高端环节。发展中国家发挥比较优势，推动了服务外包、运输服务等服务贸易迅速发展。世界贸易组织界定了服务贸易的四种方式：自然人流动（Movement of Natural Persons）指某一成员的服务提供者在任何其他成员境内以自然人身份提

① 数据来源：世界银行数据库，https://data.worldbank.org.cn/。

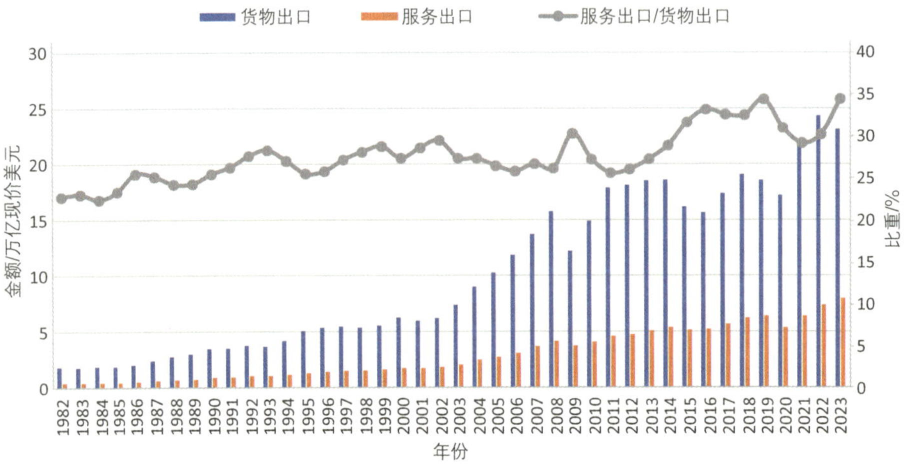

图11.1　1982—2023年全球货物出口与服务出口变化情况
（数据来源：世界银行数据库）

供服务，例如劳工输出、跨境教学等；商业存在（Commercial Presence）指某一成员的服务提供者在任何其他成员境内以商业存在提供服务，例如设立境外银行分支、境外咨询公司等；跨境交付（Cross-border Supply）指从某一成员的境内向任何其他成员境内提供服务，例如软件外包、金融服务等；境外消费（Consumption Abroad）指从某一成员的境内向任何其他成员的服务消费者提供服务，例如境外旅游、出国留学等（如表11.1）。

表11.1　世界贸易组织对服务贸易的分类

服务贸易		服务提供者	
		移动	不移动
服务消费者	移动	自然人流动	境外消费
	不移动	商业存在	跨境交付

从深圳的角度看，服务业增加值占深圳GDP比重已超过60%，服务

业已成为外商投资的主要领域。参考40多年前加工贸易对深圳制造业以及与其所匹配的制度环境所发挥的作用，未来深圳应以服务贸易为开放牵引主线，率先融入全球服务业分工体系，以此引入新市场主体，撬动旧利益格局，提升人们的知识和信息结构，构建国际一流营商环境与国际化高标准投资和贸易规则，形成超越物理形态的开放引力场，让能量、信息与文明在更高维度中自由激荡，促进要素有序自由流动、资源全球高效配置、国际国内市场深度融合，为国家新时代开放发展再次“杀出一条血路”。

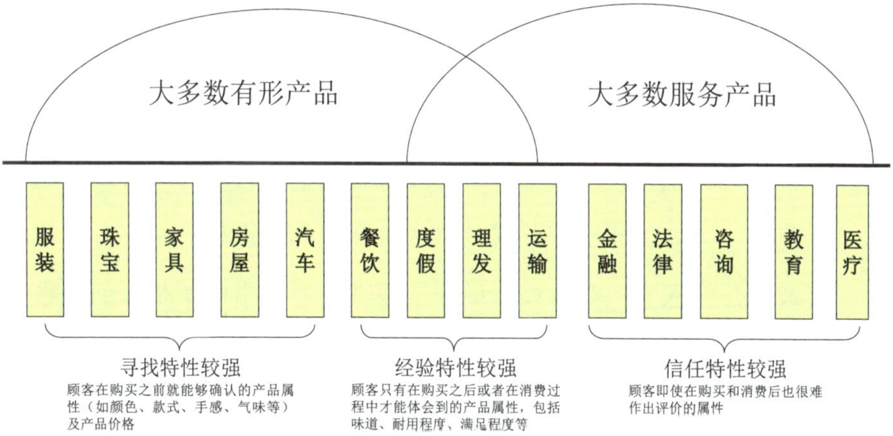

图11.2 不同产品形态有不同特性要求

当年深圳引入芯片知识产权运营公司安谋（中国）时，笔者非常看好它在深圳的发展。因为大家都在拼创新、拼研发、拼制造，作为先锋城市的深圳，到了从品牌到标准迈越的时刻，以知识产权获得收益将成为一种更高维度的运作。拼创新、拼研发、拼制造，靠什么支付拼的成本？靠什么分担拼的风险？靠什么消化拼的产品？引进安谋（中国）既可填补深圳这种高维运作的空白，又将把“新的游戏”潜移默化地教给这个城市的其他市场主体。没有想到的是，安谋（中国）业务尚未发展就陷入了激烈的内部纷争。但不管某一具体公司如何，深圳未来以服务业开放牵引的体制机制的重大改革已势在必行。

我们熟悉工业经济时代，井然有序的生产流水线，可见可触、界限清晰的有形产品，以及划割区域、集中生产、给地给钱给特殊的产业政策；然而我们并不熟悉知识经济时代，人工智能体支撑的千变万化，不好感知、似乎虚无的无形产品，以及规则清晰、联合行动、鼓励多元创新试错的产业政策。因此，深圳经济特区需要全面落实中央自主开放、单边开放的战略部署，在高水平开放形成的更加广阔的市场中，把握知识经济时代的脉动，引领全球经济科技的跃升。加快前海深港现代服务业合作区、河套深港科技创新合作区等特殊区域开发开放，可以积极向中央争取真正意义上的“自主开放创新权”，打造海内外经济空间的“折叠枢纽”。这些特殊开发开放区域获得相应授权后自主开展创新性、突破性开放探索；对具体事项中央各部委不再事前审批，而是事后评估，对失败的事项及时纠错，对成功的经验总结推广。针对服务贸易和服务类产品在人际信任、信用方面的特殊需求，结合跨境交付、境外消费、商业存在、自然人流动等不同服务贸易发展制度性障碍，改“给予政策优惠”为“重构底层规则”，切实扩大制度型开放，加快商品、服务与要素资源的跨境高效流动、优化配置，提升和增强深圳经济全球纵深度、竞争力。依托深圳数字孪生城市建设，开放公共数据可编程接口，向城市数字经济供给水分养分，支持新兴技术在城市虚拟空间上的压力测试，用数字经络贯通全球系统，使深圳始终保持强大的创新承载力。

第二节
改革，永葆青春活力

中国特色社会主义是前无古人的伟大事业，其先进性和独特性也决定了改革探索中国特色社会主义道路的艰巨性和复杂性。伴随着我国改革步入攻坚期和深水区，发展中的问题和发展后的问题、一般矛盾和深层次矛盾交织叠加、错综复杂。党的十八届三中全会对全面深化改革作了总部署、总动员，安排了从以经济体制改革为主到全面深化经济、政治、文化、社会、生态文明体制和党的建设制度改革等一系列重大改革。党的二十届三中全会对进一步全面深化改革、推进中国式现代化作出新的部署和安排，继续完善和发展中国特色社会主义制度，推进国家治理体系和治理能力现代化。

面对纷繁复杂的国际国内形势，面对新一轮科技革命和产业变革，面对人民群众新期待，我国改革到了愈进愈难、愈进愈险而又不进则退、非进不可的关键时刻，能否坚定信心、凝聚共识、攻坚克难，确保各项改革举措落地生根，直接决定着改革成败。全面深化改革需要处理好改革、发展、稳定的关系，改革是经济社会发展的强大动力，发展是解决一切经济社会问题的关键，社会稳定是改革发展的前提；需要处理好政府、市场的关系，使市场在资源配置中起决定性作用，更好发挥政府作用；需要处理好改革和法治的关系，凡属重大改革都要于法有据，对不适应改革要求的法律法规要及时修改和废止。同时全面深化改革作为庞大多维系统工程，仍然需要发扬地方、基层和群众首创精神，需要不断从实际出发校正认识、丰富经验，需要在实践探索中革除弊端、掌握规律。

40多年前，我国经济由计划体制到市场体制、社会由农业社会到工业社会的双重转变中，经济特区发挥了制度探索、知识传播的关键作用。步入中国特色社会主义新时代，我国市场从野蛮生长到有序竞争、社会从工业社会向知识社会发展变迁，仍然需要经济特区改革试验机制，适应不断变化的时代要求，在一定范围内控制改革成本和风险，探索涉及经济、政治、文化、社会和生态文明等领域的体制机制系统集成改革。

伴随着深圳城市经济体量不断增大，发达国家科技封锁和市场壁垒对深圳未来发展形成了较大冲击和深远影响。加之，深圳率先触碰到经济超常规发展下的空间约束、人口超常规集聚的壁垒后，又面临要素性成本高企后的挤出效应等瓶颈性障碍。深圳未来发展亟须突破工业经济时代的惯性思维，构建有利于原始创新和源头创新、区域引擎功能构筑的经济、社会、文化等全新体制机制，提升经济发展质量和城市能级。坚持社会主义市场经济改革方向，按照竞争中性原则，落实以要素市场、产权制度为重点的经济体制改革，改变对资金、人才、土地各种价格限制和补贴政策，继续营造稳定、公开、透明、可预期的营商环境，维持千千万万企业公平竞争的格局。公共事业市场化供给、重大基建运营维护等领域都应设计制定特许经营权竞争性取得、保持两家及以上供应商等有限竞争的制度，不管是国有企业还是民营企业，都让其在市场竞争中保持活力、效率和竞争力。同时，要坚持百花齐放、百家争鸣，深化教育、科研体制机制改革，创新教育科研机构的治理模式，建设“聚天下英才而用之”的战略平台。加快探索外汇管理改革、知识产权保护应用改革、国有企业职业经理人改革、境外人才引进和出入境管理制度改革等要素市场重大改革，引领要素市场和产品市场相互促进、相互支撑和具有高效资源配置功能的现代市场体系建设。

落实中央提出的“重大改革都要于法有据”框架要求，深圳特别需要用足用好用实经济特区的立法权，不是把正常的政府行政任务与举措用法律固化，不是把鼓励性、引导性政策语言转化为法律条款，更不是以所谓的“首个”“第一次”等搞一些立法形象工程，而是真正立足未来改革发展、创新实践的现实需要，围绕建设高水平社会主义市场经济，以良法善治为改革者、创新者提供确定性保障和分担风险，为供给者、需求者维护公平的交易秩序。

第三节
政府有为有不为

笔者还记得多年前看到过的一个故事，故事说的是，一个苏联代表团在美国考察，看到商品琳琅满目的超市后，他们问这些商品的生产和供应是如何精准计划的，堆积成山的商品能否卖出去。美国人给的解释是，没有人对商品的生产供应进行全面计划，这些商品如果卖不出去，自然就不会在这里堆积了，因为超市的老板知道哪些商品卖不动，他不会让这些商品白白地浪费超市空间。苏联人听后仍是百思不得其解。改革开放以后，伴随着国内市场经济的发展，现在我们已能理解故事中苏联人的困惑了，也能更加深入地解释个中缘由了。在一个信息完备的市场经济中，消费者可以在超市轻松随意地挑选可满足自己需求且价格合适的商品，对需求量大、替代品少的商品，愿意支付较高的价格；超市的经营者为了最大限度地赚钱，他也愿意多卖利润高的、销量大的商品，除促销、清仓等个别特殊情形外，对卖不出去或卖出去不赚钱的商品，就不再进货；商品的生产者则根据供求信息和价格信号对商品作出相应的生产或停产的决策。这样千千万万个市场主体从各自利益出发，根据市场作出相应判断和采取不同行动，由此产生了种类繁多的商品供给和消费。

当然，市场也不是万能的，也存在失灵的领域和时刻。特别是对转轨经济体而言，市场经济体制机制仍存在很多缺陷，一下子把资源配置的任务完全甩给极不成熟的市场也是一种灾难。记得2014年我国发起倡议设立亚洲基础设施投资银行（AIIB）时，我们做相关研究时获悉亚洲还有一个亚洲开发银行（ADB），它在1966年设立于菲律宾的首都马尼拉。当时我们非常不解，为什么亚洲开发银行会设在菲律宾的马尼拉？经翻阅资料得知，原来当年菲律宾可是美国支持下的亚洲市场经济的样板国家，首都马尼拉一度被誉为“亚洲的纽约”。然而，菲律宾之后由

■ 图11.3　深圳中国钢结构博物馆是中国首个也是唯一以建筑钢结构和桥梁钢结构为主题的博物馆

于经济发展战略的缺失与政治局势的动荡，基础设施建设严重滞后，工业化进程极其缓慢，大量“菲佣”出现，它也日益表现为一个“失败国家”。相对而言，当年经济表现尚且默默无闻的我国内地，特别是沿海地区众多区域和城市，改革开放后，各级政府除了落实党中央改革开放大政方针外，大兴基建，大搞产业，同时允许社会和个人对市场经济的公共理论、合作契约、商业模式、营销手段等公共性或个性化知识，有一个消化、吸收和理解的过程，反而在发展上后来居上，超越了菲律宾等试图靠市场一劳永逸解决问题的国家或地区。

这里就有一个市场与政府关系问题的讨论。党的十八届三中全会对此作了明确的界定，“使市场在资源配置中起决定性作用”和“更好发挥政府作用”。笔者的理解是，首先“使市场在资源配置中起决定性作用”，其次当没有市场或市场不能发挥作用时，就要“更好发挥政府作用”。深圳经济特区建立以来45年的成功实践，也可印证这样的观点：当尚未有市场时，经济特区政府积极推动商品市场、要素市场的形成和发展；当有了市场时，经济特区政府着力维护市场秩序，保障公平公正；当有了相对成熟的市场时，经济特区政府重点供给公共服务，保障社会民生，引导社会预期。

但特别需要重视的是，“更好发挥政府作用”往往会有意无意地变为“替代或干预市场作用”，破坏市场的自我反馈与激励约束机制，引发产业同构、产能过剩、金融风险等一系列严重问题。以当前房地产领域的一些企业危机为例。21世纪初以来国内商品房价格“一路狂奔”，带动了商品房大量供给。某头部房地产企业本来早早感受到了供求危机，很多年前就喊出了“活下去”的口号，警示房地产行业发展转折点已经到来。然而，该企业因并购风波受到了地方政府干预，在完成向地方国资身份转化后，具有了更大规模、更低成本的资金筹措能力；这使公司层面以前的自我警示并不能抵挡短期利益的诱惑，公司依旧大手大脚投资拿地，直到债务危机爆发，深陷生死存亡危机。

曾先后执掌华润、中粮、中化三大央企的宁高宁在《三生万物》中讲到一个中国中化并购先正达的故事，他谈到并购的关键环节就是融资。由于中国化工和中化集团的合并扩大了资产规模，提升了融资能力，因此该项目首先得到了中国银行支持，后来获得了境内外贷款和债券组合的银团融资。他感慨道："其实所有的并购都是一项被动的测试，就是看这项投资可否在有限资本金及没有其他担保支持的情形下，用项目贷款的方式取得合理成本的融资。因为这时融资方会从不同风险角度对这项投资做出评价，如果他们不肯贷款，你就得三思了。"[①]笔者认为，至少在中国特色社会主义发展的新历史时期，以行政命令方式给予特殊的资源或政策是破坏了市场运作的内在机理，其负面效应可能会远远大于正面效应，部分地方经济被爆出来的"雷"与此有着或多或少的联系。

这里有个有意思的观察。近年来地方政府热衷于所谓"投行化招商"，大多数的情形就是，让当地国有企业以参股合作、明股实借、基金让利等方式，投入新招引来的项目或企业。然而这可能让骗子们有机可乘，在一轮接一轮的"光伏热""芯片热""储能热"等投资热潮中，很多地方政府就被骗了。被骗的一个重要原因就是，这些地方的国

① 宁高宁. 三生万物[M]. 北京：中信出版社，2024：228.

有企业长期被视为政府行政部门的延伸，极少按市场经济的规律办事，缺乏市场化的经验、专业化的能力和国际化的视野。这些国有企业不仅做不好市场化业务，就是去对接招商引资项目，也难以为当地政府决策者们提供有价值的项目研判和实施建议，一旦遇到骗子就会被玩弄于股掌之间。而鲜有听闻深圳与北京、上海、广州等城市此类被骗新闻，那是因为这些城市的地方国企市场化程度高，长期在市场中摸爬滚打，见多识广，骗子们在这些城市行骗的难度非常大。真正意义上的有为政府，一定要让自己的国有企业勇敢走向市场经济的“汪洋大海”。

一个健康的经济社会系统一定会有许许多多人组成许许多多的家庭、团体、组织，每个人都会有自己的决策和选择，每个人的决策和选择又会对其他人的决策和选择形成影响，在如此复杂的交叉的相互影响中，经济社会呈现了繁荣或衰落、进步或倒退现象。正如宏观经济学的经济原理是对宏观经济现象的规律性表述，而并非微观经济原理的简单汇总和叠加，其并不能直接应用于指导微观经济主体的决策。所以说，推动或促进经济社会的发展绝不是一个“工程建设项目”。只依靠政府把经济社会目标简单进行分解，让相关职能部门只是抓落实，督促那些个体、团体和企业，这个系统就能欣然良性运转了，这显然是错误的，很多揠苗助长的事情就是这样发生的。曾任深圳市副市长、南开大学特聘教授、香港中文大学（深圳）理事的唐杰便提出中国经济需要从数量型增长转向创新型增长，优秀的政府是创新型增长的重要推手，可以发挥关键的作用；但他也强调“集中力量办大事是所有政府行为的共同愿望，但要真的能集中力量办成大事而不是错事，决定于政府的智慧、明晰的法律规则以及对市场经济的遵守而不是破坏”[①]。

反过来说，恰恰在需要政府发挥作用的重大改革与制度建设上，一些地方政府即便有了中央赋予的“尚方宝剑”仍不敢用、不会用，任何的改革突破都想着“早请示，晚汇报”。这实质上就是，地方政府只要重大改革和制度建设的利益与好处，不要责任和风险。我们将心比心想一想，自然就会想到，中央政府相关部门往往也不会承担应担责任范围之外的责任和风险，如果地方政府非要他们批复，他们的最佳策略就是“搁置”。如果都如此博弈，地方的“试验”“试点”政策难以达到预期就是不难想象的了。

深圳作为中国特色社会主义市场经济的“探路者”，在当前市场经济体制机制已有相当基础的情形下，确实需要认真思考未来如何发挥好政府“有形之手”的作用，不是权力的扩张收缩，而是该做的坚决不缺位，不该做的坚决不越位，及时纠正各种“计划取代市场”“低效取代高效”“封闭取代开放”的行为。笔者认为，深圳未来应结合低水平生存型社会转向高水平发展型社会的时代要求，聚焦高水平公共服务供给，大幅提升民生支出占财政支出比重，补齐教育、医疗等领域的公共服务短板，让发展成果更多更公平惠及人民群众。同时，积极培育数字要素与商品市场，探索包容的新经济监管制度，以及以科技提升政府行政效能，提高政策触达效率，支持市民参与公共决策，加快城市治理从刚性管控向弹性适应转变，提升群众对这个城市未来发展的参与感和获得感。

① 唐杰. 中国经济的转型与发展[M]. 北京：中国经济出版社，2016：197.

第四节

市场有效有深度

前几年我们团队做国别比较研究时发现，苏联解体后，俄罗斯经济体制改革以“休克疗法”实现了由计划经济向市场经济的急剧转轨，早已是市场经济体制的俄罗斯，又拥有世界上最广袤的土地，人均自然资源占有量居于世界前列，但其人均GDP长期在1万美元左右徘徊，发展处于停滞甚至倒退状态。为什么呢？这既有它的“休克疗法”带来的后遗症，也有它应对外部环境变化的战略失误等多种原因。但其中最重要的一条就是，它没有对市场经济的发展持续地学习、培育和维护，这使其一直缺乏有足够深度的市场，难以形成转型发展、创新发展的内生动力。仅仅依靠政府计划、政府投资不仅会带来惊人浪费和效率损失，而且更严重的是，社会资源争相介入政府管控领域，躺赚垄断利润，导致经济发展深陷“资源诅咒”而不能自拔——经济效率低下，寡头垄断盛行，能源资源产业独大，各类产业链和创新链日益短小弱。如此贫瘠的市场土壤显然无法孕育出市场经济的参天大树，从俄乌战场上俄罗斯军工装备的表现可见一斑。

而一个有效有深度的市场是难以事先规划的，它是一个自然生长演化的过程，往往伴随着“有心栽花花不开，无心插柳柳成荫”，产业链出现延伸，创新链得以强化，供应链更加丰富，人才链纵横交错，资金链粗壮有力。其背后的原因是，瞬息万变的市场信息和日新月异的市场知识，均分散在数不胜数的市场主体中，他们的或理性选择，或冲动决策，构成了频繁活跃的市场活动、市场交易和创新试错，做对了赢得市场和成功，做错了自担成本和风险，高概率赢的产业领域获得更大发展，产生更多的配套需求，支撑更大的创新研发，吸引更多的人才和资金。如果政府过于强势，对非规划领域、非鼓励领域的自然演化进行人为卡断或干扰，就可能导致两种很坏的后果：一是即便规划得非常准确，但强规划引导会使“千军万马过独木桥”，内卷竞争和产能过剩现象很快就会出现，创新者因缺乏丰厚的利润而不能支持长期可持续的创新活动；二是错失非规划领域、非鼓励领域的市场机会，导致微观市场主体赚不到钱，从而难以保障强势政府的财税收入，削弱其对强规划领域“攻坚克难”的长期投入。

相对于国内其他城市，深圳是一个高度开放的经济体。近年来受到国际政治经济形势风云变幻的强烈冲击，众多深圳企业被美国商务部列入出口管制实体清单，然而深圳企业经营与创新创业依然活跃，经济发展保持快速增长态势。笔者认为，深圳最大的底气就是，深圳及周边区域已形成了一个相对有效有深度的市场，这个市场总能创造“东边不亮西边亮”的奇迹，从电视机、电话机、显示器、程控交换机，到新能源汽车、无人机、机器人、3D打印装备，各个领域不断有新的企业成长为世界级企业，新的产业轮替承载新的经济增长源。对此，深圳更应该坚定相信市场的力量，要有继续巩固和完善有效有深度市场的战略定力和战略耐心，培育市场有效发挥作用的自组织、自调节生态体系，让市场激活企业家精神，更好地生长出伟大的企业。

打造梦想花开之都

展望未来，深圳经济特区必须坚定不移贯彻落实党中央、国务院在中国特色社会主义新时代关于深圳经济特区工作的重大决策部署，勇担时代使命，弘扬特区精神，锐意创新实践，进行伟大斗争，建设伟大工程，推进伟大事业，实现伟大梦想，依靠人民群众，依靠市场主体，再创彪炳史册的发展奇迹，续谱气吞山河的壮丽诗篇。

第一节

让人们各尽其才

人力资源已成为第一资源。伴随着人类社会步入知识经济时代，人力资源的重要性更加凸显。经济学家、诺贝尔奖获得者西奥多·舒尔茨说：“人类的未来没有尽头。人类的未来不仅取决于空间、能源和耕地，更取决于人类智力的开发。”美国硅谷之所以长期引领全球科技创新前沿，就在于硅谷源源不断地聚集全球不同民族、不同文化的优秀人才资源，在广泛交流碰撞中激发了世界级创新。作为全球最赚钱的公司之一，苹果公司强调人才吸引力法则，秉持“找到优秀的人，然后用优秀的人吸引优秀的人”的人才理念，为其保持可持续竞争力提供了强大支撑。

近年来国内大中城市展开了“抢人大战”，各地人才新政力度空前，这也是中国特色社会主义现代化建设进入一个新阶段的重要的外在变化。根据马斯洛需求层次理论，人们大致按照一定的优先次序，满足自己生存、安全、爱和归属感、尊重、自我实现五个层次的需求；就业机会多寡、收入水平高低可能是人口流动与集聚的初始动因，而当人们满足基本生存需求后，就会对城市法治、文化、安全、生态等环境因素提出更高要求。深圳过去的发展奇迹即源于借助贸易与生产全球化契机，满足国内人口的五个需求层次——人们出于生存需求提供大量低成本劳动力，出于安全需求积蓄资本，出于爱和归属感需求抱团发展，出于尊重需求争取社会认可，出于自我实现需求创新创业、释放最大潜能；而满足人们爱和归属感、尊重、自我实现等需求对城市发展越来越重要。

因此，未来城市不仅仅是一个建筑、道路和人的集合体，其经济产出、繁荣、创意和文化都根植于其居民、基础设施、环境等相互间非线性多重反馈机制中。工业经济时代城市不同于农业经济时代城市，同样知识经济时代城市必异于工业经济时代城市。未来城市的真正魅力可能并不在于摩天大楼的几何美学，而在于城市构建了一个让每个独特灵魂都能找到栖息地的生态系统。从这意义上说，作为人类文明最复杂的人造物，城市正经历着从功能载体向生命有机体的进化，其核心竞争力越来越表现在能否激活每个细胞单元的生命力，人类社会已经迈入了“城市世”①。

深圳发展到今天，不再是去简单复制发达国家的城市形态，而是在万物互联的条件下，研究布局城市的功能结构，建设基础设施，探索智慧治理，培育具有自我学习能力的城市有机生命体，让每个独特的生命

① 英国知名物理学家杰弗里·韦斯特在其《规模——复杂世界的简单法则》一书中指出“城市是我们发明的用于推动和促进社会互动与人类合作的天才机制”，“人口和城市增长紧密相连、相互促进，最终使得我们在地球上占据了统治地位”，人类社会已从具有显著生物特性的“人类世”发展到具有显著社会特性的“城市世”，人类的未来和地球的长期可持续发展都与城市的命运有脱不开的关系。

都能在城市母体中完成自我实现。特别是深圳作为仅有45年城市史的年轻城市，具有高度的敏感性和接受性，具备探索发展新范式的显著后发优势，要坚持以人民为中心的发展思想，发挥中国特色社会主义的独特制度优势，加快建设竞争力、创新力、影响力卓著的全球标杆城市。

第一，扩大城市人口的多样性和流动性

知识多样性和差异性是创新发展的基础，古代谚语“三个臭皮匠，抵个诸葛亮”就强调知识多样性是非常重要的。根据空间经济学家藤田昌久的研究，不同人群需要有一定的共同知识，这是合作的前提；但随着人群长期融合，共同知识越来越大，知识多样性就会越来越少，就会影响知识的创新创造（如图12.1）；因此既要支持人才集聚合作，也要支持人才流动交流。深圳在知识经济时代应高举中国经济特区这面伟大旗帜，建设知识经济时代高品质城市生产生活环境，搭建支持知识创造、鼓励创新创业、促进多元交流的制度平台，以奋斗创造价值的理念吸引全球人才汇聚。

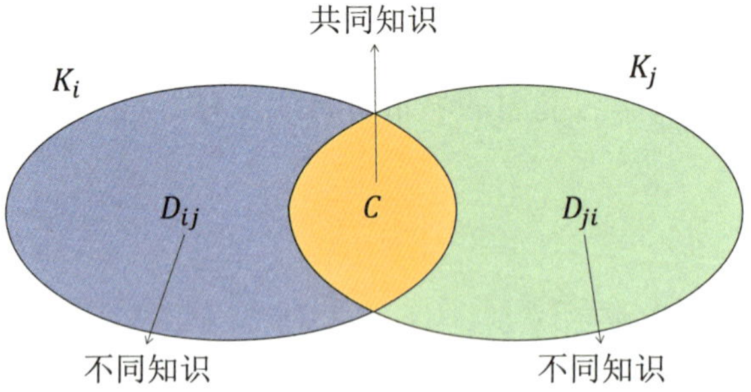

图12.1　知识经济时代知识多样性对提升创造力至关重要

［资源来源：藤田昌久在哈尔滨工业大学（深圳）的讲义资料］

第二，搭建知识密集型、资本密集型产业平台

深圳经过45年发展，用地、用工、居住等成本上升已是不争事实，同时也形成了民营经济、创业投资、产业配套和相对完善的市场体制机制等新的资源禀赋和市场条件，培育了生产、生活、生态高度融合的环境，城市呈现出细胞经济发展状态，每个会议室、每个咖啡厅、每个聚餐小包间都可能成为创新创意裂变的“反应堆”。当前人工智能、万物互联等科技发展日新月异，正在催生协同研发、创新金融、新型传媒等知识密集型产业，推动代工制造等传统劳动密集型业态向新兴资本密集型业态转变；深圳应顺应知识经济时代产业形态和属性变化趋势，发挥当前既有的资源禀赋条件[①]，前瞻性布局发展代表未来发展方向的科技研发、数字金融、知识产权运营等产业。同时，结合数字时代零工经济发展，以网络协作、网络众包、跨境电商等方式，支持跨越物理边界的国际虚拟产业集群发展。

第三，建设承载全球人才的战略载体

深化高等教育办学体制和教育管理改革，建设国际一流大学，超越如同工业时代传送带的将差异化个体打磨成标准件的传统教育模式，结合这个城市业界海量的创新实践，以任务为导向，以项目为支撑，培养既能深度钻研又能跨界融合的复合型人才，打造全球顶尖人才集聚的战

① 中国社会科学院副院长蔡昉2019年11月17日在中国经济50人论坛深圳研讨会上发表“高阶聚集效应和深圳新机遇”主题演讲时如是表示，“利用资源禀赋就是经济规律，而不利用资源禀赋就意味着对规律的违背，也就会遭到惩罚”。

略平台。支持设立各种具有科研自主权的新型科研院所，构建符合自身功能要求的治理制度、管理模式和科研评价标准，面向全球聘用科研人才。培育科学家队伍，支持实验室科研人员与企业界管理者双向流动，支持科技企业对科学家团队开展专项资助，吸引世界一流科学家队伍集聚，卡位全球创新的主流方向。培育企业家队伍，坚持市场导向，加强产权保护，完善产业生态，弘扬企业家精神，集聚企业家队伍，吸引全球梦想改变世界的创业者、企业家来深圳投资兴业。培育投资人队伍，发挥投资引导、风险补偿等政策效应，支持具有创新创业、产业运营、市场拓展成功经验的投资人团队发展。

第四，提升国际人才生产生活环境

在重点开放开发区域规划和建设国际人才社区，创造国际无差异生活居住环境，提高对国际人才的吸引力和承载力。科学规划城市活动空间，前瞻性建设符合国际人才生活习惯的教育、医疗、文化等设施，塑造宜居宜业宜游城市形象。全面完善生育、教育、就业、医疗、居住、养老以及扶贫济困等领域政策和保障，实现幼有善育、学有优教、劳有厚得、病有良医、老有颐养、住有宜居、弱有众扶。完善创新创业、兴业就业保障体系，畅通社会阶层流动通道，维护社会公平，稳定和谐劳资关系，助力人自由而全面发展。

第二节
让企业深耕发展

政府要服务好企业、发展好产业，需要澄清三类问题：一是什么是企业，企业的本质是什么？二是深圳同其他一线城市相比辖区面积太小，不占优势？三是互联网、物联网的发展使得地理空间不再重要了吗？

首先看第一类问题：什么是企业，企业的本质是什么？

根据《现代汉语词典》，企业是从事生产、运输、贸易、服务等经济活动，在经济上独立核算的组织。而我们学过的大多数经济学、管理学教材上关于企业的定义则清晰地表达了“以营利为目的”“向市场提供商品或服务”“法人或非法人组织”等概念要点。为什么企业有如此特征？从历史维度看，从14、15世纪欧洲文艺复兴开始，风帆时代的海上贸易发展高风险、高收益，需要有钱的出钱、有力的出力，但又不能权属不明、责任不清，由此以英国东印度公司、荷兰东印度公司为代表的、以特许经营和股份集资为特点的近代企业出现，进而演化出了“股东有限责任、企业独立法人、完备法律保障”的现代企业制度。从理论

图12.2　小梅沙三面青山环抱，一面海水蔚蓝，一弯新月似的沙滩镶嵌在蓝天碧波之间

的维度看，美国经济学家、诺贝尔奖获得者罗纳德·科斯对此有精彩的开创性论述，其在1937 年发表的《企业的性质》（*The Nature of Firm*）一文认为，企业是为了节约市场交易费用或交易成本而产生的，当企业内部协调成本低于外部市场交易成本时，企业作为一种资源配置的制度安排就出现了。这里回顾一下企业的概念和存在的意义，对我们当下经济发展具有重要启示：第一，如果某类经济活动不以营利为目的，那么就不应该设立它，或不应该去招引承担此类经济活动的企业；第二，如果某些企业内部协调成本高于外部市场交易成本，该类企业就没有长期

存在的理由，或其高协调成本业务就应由市场交易替代。

接着看第二类问题：深圳同其他一线城市相比辖区面积太小，不占优势？

2009年世界银行年度发展报告——《重塑世界经济地理》，提到了经济地理变迁的三大特性：密度、距离和分割。其中一个有意思的经济发展事实是不管是发达国家还是发展中国家，发展都会促使经济活动日趋集中，经济走势都会呈现高低起伏态势。报告的主要结论就是，要遵循经济地理三大特性：提高经济密度，缩短经济距离，减少经济分割，促进地理变迁和经济发展。但为什么经济活动趋于集中，为什么发达国家或发达地区或先进城市的经济密度会提升？报告并没有作翔实分析和论证。笔者认为，底层密码可能就是产业集群，主要因素有三个：一是知识外溢效应，著名经济学家阿尔弗雷德·马歇尔有句名言“行业的秘密弥漫在空气中”，就是反映产业集群中企业活跃的创新碰撞和交流氛围。二是范围经济效应，同类企业地理集中既可带动产业链上下游异类企业集中，同时，也吸引了人才、资本等要素资源供应者同地集聚。三是规模经济效应，产业集群本身意味着相对于一个企业或一条产业链具有更大的规模，可以保障当地供给更加完备和成本更低的交通运输等基础设施和公共服务。十多年前的世界银行报告实际上清晰地告诉大家一个道理，超大城市“摊大饼”式的发展没有未来，深圳辖区面积不大，使其没有任意“摊大饼”的资源，这也许算是“因祸得福”。

最后看第三类问题：互联网、物联网的发展使得地理空间不再重要了吗?

早在二十世纪八九十年代时，伴随着日益兴盛的全球化和现代信息技术发展，社会就出现了“地理已死”“距离不再重要”的观点；发展到今天的数字经济时代，“线下交流不再重要”“元宇宙来了，城市会消亡吗”等讨论卷土重来。诚然，时代重大变迁和技术重大变革也许会带来地理空间、区位优势重造与重塑，但地理与区位的重要性以及人与人面对面交流的需求必将在人类繁衍中永远体现和存在。这里需要引起深圳考虑和重视的是，如何在数字经济时代用现代科技重构区位要素，强化地理黏性，能否使虚拟空间与实体空间形成优势互补的“量子纠缠”?

回到深圳的未来发展展望。深圳已经是中国商事主体最多的城市，创新创业密度居全国各大城市之首，接下来“百尺竿头，更进一步”需要的是，聚焦全人类的文明精华，面向未来未知的星辰大海，跳出强政府干预可能会导致的“生态板结”，营造一个更大的“企业热带雨林系统”，突破当前产业集群，迈上更高能级的“奇点”，让更多世界级的企业源源不断涌现出来。

第一，更加突出“规划森林让树木自由生长”。以生态思维重构涉企政策，更多采取普惠性研发政策、创业引导政策、公平竞争政策，着力培育市场机制而不破坏市场机制。同时，突出公共服务供给保障，赋予更多的公共参与机会，留出企业自主选择更大的空间。龙头企业、总部经济是企业热带雨林系统自然生长出来的，也唯有如此，才能真正经受市场的风雨洗礼而生生不息。

第二，坚定维护市场的有效竞争。做好竞争生态治理，在满足监管、安全等基本条件下，最大限度降低准入门槛，积极帮助深圳企业争取全国性的牌照资源，让有创新能力和合规经营意识的企业能够进入市场。切实促进知识产权保护，增强消费者的维权意识，引导企业以技术创新、产品创新、商业模式创新等方式来获取竞争优势。坚决打击地方“黑灰产业”，让规范经营的企业实现更好的发展。坚决防范企业规避竞争和不当竞争行为，警惕“一企独大”，防止“生态灾难”。继承和发扬深圳港口、地铁等发展经验，对准公益性事业、可经营性国有资产，由两家或两家以上不同属性企业特许经营。

第三，促进多种所有制经济共同发展。实事求是地讲，对企业而言，效率与风险是一个硬币的两个面，国企有国企的优势与不足，民企有民企的优势与不足，外企也有外企的优势与不足。例如，近年来在国内房地产、金融等领域头部国企相对头部民企表现更加稳健，一个重要原因是国企相对规范，发展稳健有序，更能经受经济周期的冲击。深圳的企业热带雨林系统应是可以覆盖不同所有制的所有谱系，具有对“所有制中性”的肥沃土壤和阳光雨露。特别是政府代表国家对国有出资企业履行出资人职责，可以引导国有资本、国有企业以混合所有制改革、产业链上下游合作等方式，与非国有资本、非国有企业发生“化合反应”，打造深圳经济高质量发展强劲的混合动力引擎。

2023年4月16日，习近平总书记在《求是》杂志发表文章《加快构建新发展格局　把握未来发展主动权》，在提到“更好统筹扩大内需和深化供给侧结构性改革，增强国内大循环动力和可靠性”时，明确指出要“着力扩大有收入支撑的消费需求、有合理回报的投资需求、有本金和债务约束的金融需求”。因此，不管是国有企业，还是非国有企业均应去追求“有真实需求的业务”“有合理回报的投资”“有本金和债务约束的融资”。

第四，提高城市的经济密度和发展质量。过去45年，在全国五大经济特区中深圳经济异军突起。其在当前全国四大一线城市中虽辖区面积最小但经济仍保持较高增长的良好势头。可以说，深圳创造的发展奇迹，不是经济特区政策的必然结果，也不是依托扩张空间的简单累加，而是靠培育市场、兴殖产业，形成了不可逆转、自我加强的创新发展力量，靠提升经济密度，带来了更大范围的规模经济效应，增强了城市吸引力和竞争力，形成了“经济增长—要素集聚—持续增长—高端集聚”的良性循环。深圳未来应继续提升经济集聚度，发展更高经济密度和更具多样性的城市空间，孕育更具平等性、包容性的现代文明，激励更大范围的财富创造活动。

第五，构建深圳经济生态的动态耗散结构。正如一棵大树根深与叶茂是相互作用的，根深是树木躯干和繁枝茂叶的支撑，而叶茂以光合作用实现了能量转换和树木生长，牵引了更加庞大的根系蔓延。深圳不仅要建设本地的物理开放、网络开放的经济空间，特别是深化与粤港澳大湾区其他城市的互联互通，更重要的是在制度上和政策上支持深圳企业在全国、全球“开枝散叶”。多年前有句广告词说得好，“心有多大舞台就有多大”，深圳未来要建成全球标杆城市，首先需要的就是，具备全球视野，发展壮大一批具有强大生命力、竞争力和影响力的跨国公司。

第三节
让创新持续激荡

政府促进和引导创新发展，特别是在科技创新上需要澄清两类问题：一是创新有没有范式，政府应在哪个创新环节发力？二是创新驱动发展有没有不同模式，不同的模式有什么特征？

首先看第一类问题：创新有没有范式，政府应在哪个创新环节发力？

二战期间，美国科技管理体系的奠基人万尼瓦尔·布什（Vannevar Bush）在《科学，无尽的边疆》（*Science, the Endless Frontier*）中提出了“科学指导技术、技术指导应用”线性创新范式，开启了美国国家支持科学和教育发展的科技战略，并断言“一个在基础科学新知识方面依赖于他人的国家，将减缓它的工业发展速度，并在国际贸易竞争中处于劣势”。然而，伴随着信息技术发展和知识网络形成，创新群体利用开放知识平台的创新活动更加广泛深入，创新过程越来越呈现出科学、技术和应用相互作用和累积的非线性特征。

美国普林斯顿大学教授唐纳德·斯托克斯（Donald Stokes）在1997

年出版的《基础科学与技术创新：巴斯德象限》（*Pasteur's Quadrant: Basic Science and Technological Innovation*）一书中，依照求知激发研究、应用激发研究两个维度，把科研分为四个象限：玻尔象限，代表单纯由求知欲引导而不考虑应用目标的基础研究；巴斯德象限，代表既寻求拓展知识又考虑应用目标的基础研究；皮特森象限，强化研究者的研究技能，并对已有经验进行分析与整合，使研究者能够尽快地胜任新领域内工作；爱迪生象限，纯粹由实用目标引导而不追求科学解释的研究。

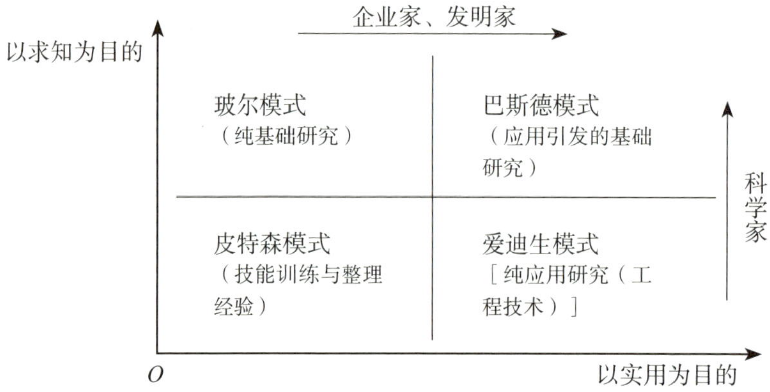

图12.3 创新的“四个模式”

斯托克斯的巴斯德象限创新模式强调了科学与技术的关系、基础与应用的关系是动态关系，由于应用引发的基础研究既支持了科学认知发展，又照顾到了社会应用需求，其取得的社会价值还可加强社会对纯基础研究的支持，起到了联系、架构和加固政府与科学之间桥梁的关键作用。这对科技政策而言是最重要和最关键的。政府要从评价、组织和政策上改变与科研机构的传统契约，对创新项目资助筛选需要综合研判科学前景和社会前景，科学前景主要由科学同行评议作出，社会前景主要由政府民主协商作出；对创新项目资助方式要由资助任务导向的技术项目转为能力导向的科研机构；对创新项目资助对象要高度重视科学共同体①作用，加大对科研共同体的资助力度。

其次看第二类问题：创新驱动发展有没有不同模式，不同的模式有什么特征？

创新驱动发展已成为我国加快转变经济发展方式、提高我国综合国力和国际竞争力的必然要求和战略举措。然而，不同区域或城市由于资源禀赋条件差异，需要把握不同创新驱动发展模式特征，发掘内生动力，集聚外部资源，提高创新能效，促进经济更高质量、更有效率、更加公平、更可持续发展。一是知识驱动模式。对基础科研、基础科教等知识条件要求高，需要来自外部的经费支持多，具体表现为研发投入占GDP比重高、经费来源政府投入比重高、基础研究经费在研发投入中比重高。具备以上条件的区域或城市的创新驱动发展战略要聚焦原创性研究活动，争取科技发展前沿突破，引导创新成果向技术发明和产业发展环节扩散。二是市场驱动模式。对市场竞争、市场开放等市场条件要求高，需要有众多以市场为导向的企业和产业化配套环境，具体表现为企

① 科学共同体概念由1942年英国科学哲学家波拉尼（M. Polanyi）在《科学的自治》一文中首次使用。1962年美国科学哲学家库恩在《科学革命的结构》一书中运用科学共同体概念来说明科学认识发展过程中在实践上和逻辑上使用较为接近的范式（共同范式）的科研成员团体，其主要功能包括塑造科学规范、促进科学交流、提供同行评议、普及科学知识等，主要组织形式包括学院、学派、学会、实验室等。

业研发投入在全社会研发投入中比重高、基础研究研发投入占全社会研发投入比重不高、高新技术产业规模大。具备以上条件的区域或城市的创新驱动发展战略要发挥市场提供激励的强大作用，以市场为导向，以企业为主体，带动技术发明和科学发现环节资源集聚。三是混合驱动模式。对科研成果转化、知识产权保护要求高，强调知识、资本等创新资源综合集成和企业、高校等创新主体融合互动，具体表现为全社会研发投入来源多元、专利数量大、自主知识产权产品产值比重高。具备以上条件的区域或城市的创新驱动发展战略要扩大产学研范围、深化产学研合作，带动创新前端基础研究和科学发现，推动创新后端产业高质量发展。

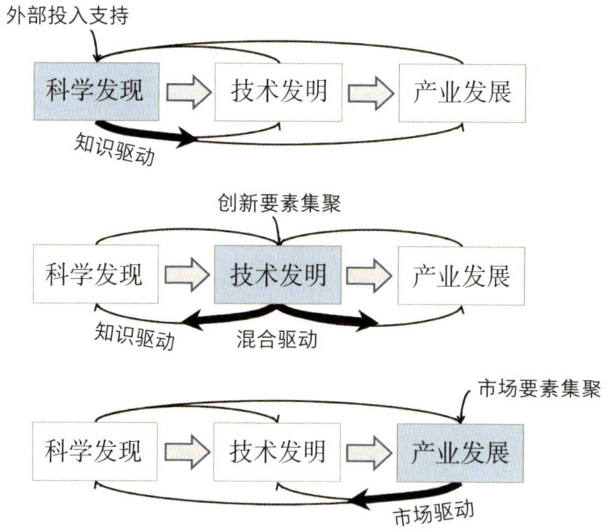

图12.4 创新驱动发展的“三个模式”

现在回到对深圳创新发展的展望。深圳创新是从融入全球分工体系开始的，利用人力、土地等要素成本的比较优势，引入了外资企业、进口设备、海外订单以及经营管理和技术人员。内资企业依靠代工代理、合资合作、贸易交往等方式，学习市场经营、全球运作各种经验与知识，模仿设立新工厂，模仿研发新产品，模仿开拓新市场，不仅赢得了自身发展时间和空间，而且更重要的是孕育了城市创新的丰富产业配套和生态。由于模仿创新已有明确的模仿对象和实践验证的创新路线，可便捷招聘研发人员、购买科研器材，进而降低创新成本、提高创新效率、控制创新风险，构筑以市场为导向、以企业为主体的开放创新的后发优势。大量的企业创新、科技研发和市场拓展的庞大需求又带动了市场配套服务、公共研发机构的可持续发展。深圳高新技术产业爆发式的崛起，就是在20世纪90年代后期从比较优势转向后发优势带来的结果。伴随着深圳跃上全球创新链高端，越来越多的深圳企业步入“创新无人区”，由跟踪模仿为主转向源头创新为主。2002年华为公司创始人任正非说“华为不需要科学家，华为需要工程商人”；2018年他又提出“华为不仅需要工程商人，也需要科学家，而且还需要思想家”。

这里对照以上的两个问题：从创新范式看，深圳政府政策大体聚焦于巴斯德象限，这是现实的，也是有道理的，但对以求知为主要目的的玻尔象限的科学发现和基础研究支持不足，而对以实用为目的的爱迪生象限的专利成果、皮特森象限的技术培训过度补贴或干预，诱发了大量专利形象工程和华而不实的政府培训。从创新驱动发展模式看，深圳正在从关注技术的混合驱动模式转向知识驱动模式，对源头创新、原始创新以及人们对基础科学理论的认知和理解，不仅关系着高科技企业产业的发展，而且也关系着深圳风险投资、创新金融等领域的发展。其中源头创新和原始创新相对于模仿创新，创新方向混沌，创新路线模糊，创新市场难以预测。19世纪末关于直流电和交流电技术路线曾引起了大科学家爱迪生和特斯拉的激烈争论，事实最终证明爱迪生支持的直流电技术方案败北，而特斯拉支持的交流电技术至今已主导世界一个多世纪了。

当前，中美贸易摩擦等国际形势风云变幻，模仿创新难度和风险越来越大，源头创新和原始创新的成本和难度急剧增加，深圳未来的创新必然不再是抢些科研人才、科研设备和科研项目这么简单。2024年火爆全网的《黑神话：悟空》游戏项目创始团队就是源于深圳的腾讯公司，2025年在中央电视台春节联欢晚会上一鸣惊人的宇树机器人创始人曾在深圳大疆公司短暂工作。一个非常扎心的问题是：为什么他们都选择离开深圳而在杭州扎根？在2025年春节期间被国人所知晓的，大胆创新、震撼全球的DeepSeek，研发主体居然不是实力雄厚的科技大厂、所谓的“硬科技”平台，而是一家私募量化基金公司。

爱因斯坦说“想象力比知识更重要”，源头创新和原始创新往往需要惊人的想象力，对创新企业、机构、人才、资金、环境等提出了异于以往的更高要求，对此政府难以规划，更难以主导。也许当创新突破实验室围墙，在街头巷尾自然生长时，创新永动机方可启动。从这个意义上回答以上问题，那就是持续创新的密码不在规划蓝图中，而在于构建允许意外发生的可控混沌场，让异质元素在碰撞中裂变出超越预设的创新能量。

深圳未来的创新需要深刻把握不同创新发展阶段的重要特征，不再去追求创新的瞬时爆发，而是去培植让创新力、创造力如潮汐般永恒涨落的生态节律，变革创新范式，优化创新政策，强化创新体系，包容更加丰富多元的创新试错，抢占全球科技和产业发展制高点，加快从跟跑、并跑到领跑的跨越，打造具有全球影响力的创新创业创意之都。

第一，以知识驱动模式落实创新驱动发展战略。深圳创新发展已从市场驱动模式、技术驱动模式逐步转向了知识驱动模式，更加需要丰富企业、高等院校、科研机构、科服机构等多元创新主体，更加需要广聚长期资本、科研人才、科技信息、科技载体等创新要素资源，更加需要营造开放的姿态和宽容的氛围，严格保护所有主体的平等权利，支持千千万万主体创新试错，争取更多从0到1的原创突破。

第二，继续聚焦巴斯德象限发力创新政策。结合巴斯德象限高度求知目的、高度实用目的典型特征，按照科学前景和社会前景，重构科研资助项目评价、组织和资助重点，支持学院、学会、学派、企业实验室等科研共同体发展。减少或取消对爱迪生象限、皮特森象限的项目的补贴或干预，更多让市场发挥激励和约束作用，同时加大对玻尔象限项目的科学发现和基础研究支持。

第三，调整优化创新机制和政策体系。完善研发支持政策，继续强化政策担保、投资引导和联合研发等政策，以市场化方式分担原始创新剧增的成本和风险。强化中性竞争政策，包括在政府购买服务、知识产权保护、中小微企业税费减免等领域对不同属性企业一视同仁。优化创新项目资助方式，重点集聚培育一批具备国际影响力的创新研发机构。对巴斯德象限创新创业项目而言，个人投资者往往具有行业经验和专业背景，其投资不仅体现为给予资金支持，更体现为一种股权纽带下的知识与经验传递，可从免税、奖励、宣传等领域对个人天使投资行为给予更大力度的支持①。

① 刘国宏.科创金融发展的底层逻辑及对策研究[J].特区实践与理论，2023（6）：108.

图12.5　河套深港科技创新合作区是粤港澳大湾区建设的重点项目，其中的福田保税区承载着深圳外贸“稳增长”和“促科创”的双重使命

第四，构建面向全球的创新合作网络。支持深圳有条件的企业建设海外创新机构，布局国际合作网络，加强与全球主要科技创新中心的联系。支持深圳各类创新主体发起和积极参与国家大科学计划以及国际科技合作计划。发挥粤港澳大湾区科技产业化优势，聚焦科技研发和成果转化、知识产权运营和保护、科技园区建设和运营等领域，加强与国际机构、资本、人才创新合作。

第四节

让城市生生不息

南开大学教授、笔者的导师柳欣有个理论观点，当今社会运行的底层逻辑就是竞争赚钱的游戏；相对于以往历史上赤裸裸的武力比拼、开疆扩土、权谋纵横、人身依附，这个新的“竞钱”游戏不仅本身更加文明，而且带来了人类更大规模、更有效率的财富创造活动。柳欣教授对此的论述翔实、系统、深刻，对学术研究非常有启发性，感兴趣者可参阅他于2006年出版的专著《经济学与中国经济》。按照柳欣教授这个观点，我们再看深圳这个“搞钱”的城市，会不会觉得它恰恰体现和孕育着一种新的制度文明?

笔者认为，深圳“搞钱”文化背后其实就是现代商业文明的启蒙与制度演化的一个阶段性浓缩。第一，“搞钱”并不必然就是坑蒙拐骗，伴随着市场经济、商业文明进一步发展，唯有遵纪守法、诚实守信、关爱社会，乃至有所敬畏和信仰，方能可持续地“搞钱”。第二，“搞钱”这个竞争赚钱的内生激励又吸引着国内外的人们来此淘金，使多样化想法发生碰撞，催生多样化企业，发展多样化产业，带来多样化就业。第三，至于经常被人们热议的“文化沙漠”，人们大可不必杞人忧天、言之过急，2600多年前，齐相管仲早已有言，“仓廪实而知礼节，衣食足而知荣辱”，当一个城市仓廪实、衣食足后，艺术文化、精神追求等自然而然就会随之兴盛发达起来。

正如杰弗里·韦斯特在其《规模：复杂世界的简单法则》中所说，植物、动物、公司、城市等系统特征与规模存在可量化的缩放关系，即规模法则。其中，城市的规模法则不同于植物、动物和公司的亚线性规模法则，它是超线性的，也就是说，城市越大其经济增长越快，生活节奏越快，创新创业也越活跃。为什么如此呢？因为城市基建等公共品供给具有规模经济效应，城市规模扩大1倍，其基建仅须扩大0.85倍，而社会经济活动则因网络集聚效应，要扩大1.15倍。杰弗里·韦斯特在接受采访时说：“城市算得上是一个奇妙的发明创造，是一种鼓励和促进社会互动、创造更多财富、创造更多想法和创新的机器，并以高度非线性的方式组织在一起。非线性是整个过程不可或缺的一部分。”①

展望未来，深圳这个城市的生生不息，不是体现在永葆经济的超高速增长，而是由它的超高密度、超高联结的城市空间、经济活动、创新创业，构成了超级复杂的一个经济与社会自适应系统所涌现的仅从个体特征无法预估的、强劲生长发展的澎湃动能。未来深圳一定还会重构人们对中国经济特区的认知——高效地创造财富，急剧地迭代升级，不断地再现奇迹！

① 参见腾讯研究院发布的《重构理解城市的框架——对话杰弗里·韦斯特 | WeCity专家观察》。

附录：

深圳国资国企发展事实与未来*

当前中美贸易摩擦正酣、国内经济困难加大之际，最容易的事情也许就是责难国企吧。处于改革开放前沿的特区深圳，也有一些声音——国企不参与竞争时被批评，参与竞争时还是被批评；国企不赚钱时被指责，利润多了又被质疑；国企弱小时被批评是败家行为，强大时被批评挤出效应。诚然，在竞争市场、国资监管、国企治理等领域仍存在这样那样的问题，然而妖魔化歪曲、否定、诋毁国资国企显然既不符合特区建设的既往事实，更不利于深圳城市的未来发展。历史上苏联解体后俄罗斯全盘私有化并没有带来经济的持续增长，甚至还出现了大幅度下滑。

一、深圳国资国企发展的几个事实

（一）深圳国资规模不小而民营经济规模更大。深圳市属国企2017年总资产2.56万亿元、净资产9440亿元、营业收入4005亿元、利润总额862亿元、上缴税金705亿元。虽然目前深圳市属国资增加值占全市GDP

* 源自刘国宏2018年11月2日发表于中国（深圳）综合开发研究院公众号的文章《“妖魔化”国资国企无益开创深圳未来——兼论深圳国资国企的未来作用》。

比重5%，但在全国37个省级监管系统中，市属国企总资产排名第5位，净资产排名第4位，利润总额排名第3位，净利润、成本费用利润率排名第2位[①]。深圳作为计划单列市，在全国37个省级监管系统中，市属国资规模仅次于京、津、沪、渝4个直辖市，这还能说深圳国资“小”吗？深圳国资拥有清科“2017中国创业投资机构100强”榜首的深创投，拥有营收、利润长期排名全国行业前十的国信证券，拥有覆盖全国35个大中城市批发市场的农产品公司，能否说由于深圳国资“小”才有了民营经济的“大”？显而易见的事实是，深圳国资规模不小而民营经济规模更大罢了。

（二）深圳经济特区的建设依托国有企业起步。1979年中央酝酿特区筹建工作时，邓小平同志说：“中央没有钱，可以给些政策，你们自己去搞，杀出一条血路来！”深圳的大规模建设就是从2万名基建工程兵成建制转制为国有企业起步，其依靠特发、深物业、深深房、深城建、深业公司、赛格公司等一批国有企业，发挥城市基础设施建设的主力军作用，内联外引了深圳的第一批三资企业。深圳创下了“成立第一家专门性的国有资产经营公司”“第一个有偿使用国有土地”“第一个引入外资合作开发土地”等多项全国第一，快速拉开了经济特区开发建设的序幕。当年唱响“三天一层楼”的“深圳速度”，就是源于1982年深物业作为甲方单位、中建三局作为乙方单位的国贸大厦兴建。

（三）国资服务保障了深圳高新技术产业崛起。1986年深圳出台

① 数据来自深圳市国资委网站《政企通访谈·深圳市国资委副主任和市属国企代表说出了这些关键信息》，2018年6月26日。

《深圳经济特区国营企业股份化试点暂行规定》，率先揭开了我国产权主体多元化改革的历史大幕，催生了中国一批本地企业的改制风潮；股份带来了股票柜台交易和资本市场建设需求，进而深交所横空出世就不足为奇了。1988年赛格集团建设华强北电子配套市场，打破原计划体制下形成的国家一年一度电子元器件集中采购“骡马大会”，培育了深圳电子工业扩张的市场力量，孕育了深圳高新技术产业崛起。到20世纪90年代，深圳国资国企着力服务高新技术产业发展的城市主导战略，深圳市原副市长张思平说得很清楚，“实事求是地说，没有深圳政府提供的高质量的服务体系，深圳的高科技产业发展也不会如此成功”[①]；然而这里没有说明白的是，其所列举政府提供高质量服务体系的承担主体创新投、高新投、担保中心（现中小担保集团）、人才中心、会展中心等均是国有企业或原事业单位划转的国有企业。

（四）高新技术产业高质量发展对国资提出更高要求。21世纪以来，深圳高新技术产业发展迈入了补强创新链、产业链和供应链的关键阶段，缺芯少屏成为高新技术产业高质量发展的关键制约因素。2001年深圳国资成立深超科技公司，与TCL合作生产高世代液晶显示器，开始解决深圳电子信息产业链上的 “少屏”问题。2011年深圳市投资控股有限公司积极承建深圳湾新一代高科技产业园，全力聚集全球高端创新要素资源，这已成为当前深圳创新创业的一面旗帜。2017年深业集团引入全球领先的半导体知识产权提供商ARM公司，推动集成电路核心知识

① 张思平. 没有名牌大学的深圳，高科技产业是怎么崛起的？[EB/OL].（2018-10-27）[2018-10-30]. http://www.sohu.com/a/271681800_653311.

产权研发与产业化，以营造芯片产业集聚创新的环境氛围更加系统解决缺芯问题[1]。此外，深圳人才安居集团、深圳投控、特区建发等企业针对高科技产业人才主体、空间载体在全市乃至跨区域布局，解决人才居住、产业运营成本高企以及产业链布局问题，留住人才，留住产业链，服务高科技产业高质量发展。深圳人才安居集团已在东莞拿地，以市场化解决区划行政分割下的生活居住问题[2]。

（五）深圳国资国企监督管理制度构架有一个完善过程。在深圳经济特区建立之初，政府职能部门的直管国企纷纷设立，存在严重的政企不分、政资不分、利税不分等问题，甚至说不清楚有多少国有企业和国有资产。到1987年组建深圳市投管公司，集中开展国有资产监督管理。1995年提出了用五年时间培育特发、能源、建材、莱英达、盐田港、赛格等6家销售百亿集团；然而，由于当时国资监管和企业管理制度建设不到位、不充分，数年后这些公司纷纷爆发严重腐败案件，当时的预期目标也都没有实现。到2004年组建深圳市政府直属特设机构市国资委，履行出资人职能，制定了领导人员选拔任用、收益管理、投资管理、产权变动监管、资产损失核销管理等系列制度，规定议事规则，完善企业章程，派驻财务总监、外部董监事，深圳国资监管和国企治理的规则和制度逐步建立健全和稳定下来。

① 深圳华为公司1991年起就介入芯片研发，1993年就成功地做出了公司第一款芯片——用于C&C08交换机上降低成本的ASIC芯片。但真正的堪比国际水平的高端芯片是其2012年开始应用到智能手机上的海思芯片。即便如此，华为公司海思芯片仍然要对技术难以绕过领域的ARM、高通公司缴纳专利费。

② 深圳安居集团布局东莞，拿下塘厦商住地，建人才房！[EB/OL].（2018-10-23）[2018-10-30]. http://www.sohu.com/a/270697488_807518.

以上事实至少可以说明，一是我们仅仅用私人资本、自由竞争不足以解释深圳不足40年时间由边陲小镇向现代化大城市的崛起飞跃，深圳国企和民企不是非此即彼、你死我活的关系，而是相互依存、共生共赢的关系，二者共同创造了深圳在世界工业化、现代化、城市化发展史上的奇迹。深圳企业进入“世界500强”榜单的有7家，其中3家（招商银行、平安集团、万科）就是国企或国企出身。30多年来众多国企及合资项目导入了重要资源，弥补了产业环节，孕育了市场氛围，即使它们最终经营不善或以失败告终，但依靠孕育发展起来的市场流动传递、消化吸收，成为民营企业发展的技术源、人才源和管理源，把大量沉没成本转化为一种迭代发展、可产生效益的社会资本。

二是民营经济发展与民营企业创新不断变化的需求也使深圳的国资国企被赋予了生存与发展的新要求。民营经济活跃高效使国企的服务有了市场、混改有了伙伴、合作有了对象，二者在挖掘深圳后发优势和创新优势以及构筑深圳区域创新生态与全球创新网络上具有大量合作空间。

三是改革开放以来深圳的国资监管、国企现代企业制度经历了建设与完善的过程，其中有一些企业的生生死死也是正常的，但不能因为有国企没长大，有国企消失了，就断定现在的国企不能长大，不能新生。

二、从深圳未来需求看国资国企发展

法国人托马斯·皮凯蒂在其引起世界极大关注的《21世纪资本论》中，用翔实历史资料和对比数据展现了三百年来资本主义尤其是发达国家贫富差距扩大的总趋势。贫富差距百年持续扩大会严重动摇西方当代自由主义所宣称的“人人生而平等”的公平自由的根基，对民主与自由制度具有深刻的破坏性。现在看来世界各国也都在寻找更好的制度替代与制度安排，这当然也包括美国特朗普政府现在很多看似不可思议的做法：自由主义说每个人都是平等的，特朗普说美国人优先，自由主义推广普世价值，特朗普回归孤立主义，等等。也许和民营企业相比，国有企业效益不高，委托管理难度更大。但将承担功能服务的国企和纯追逐利润的民企作简单的效益比较，显然有失公平；而且伴随着国有企业市场化改革释放活力，国有资本收益挂钩社会保障等举措落地，至少也是对解决皮凯蒂发现的问题的一种探索吧。正是基于如此，深圳未来发展绝不能自废武功、邯郸学步，需要的是立足事实、面向未来，继续针对具体问题开展深圳经济特区建设与发展的不懈探索。

（一）破解行政辖区的困局。2017年，深圳在GDP跨越2万亿大关之际，仍保持了接近9%的高速增长；而当年北京、上海以及2017年广州跨越2万亿大关时，GDP增速均降到了8%以下（如表1）。深圳城市面积1997平方千米，约为北京（1.6万平方千米）、上海（6340平方千米）、广州（7434平方千米）的1/8、1/3、1/4。从一方面看，这是深圳城市发展的奇迹；但从另一方面看，深圳“高产田”也确实需要更大的发展空间。深圳国资国企“一区多园、圈层梯度”空间载体布局就是破解当前体制下行政辖区困局的一种战略，以市场化方式服务深圳产业集聚和外溢发展，既有利于深圳城市持续发展，也有助于区域经济深度融合。新加坡作为城市国家突破空间限制也是如此，国内在苏州工业园之后，天津生态城、广州知识城、重庆朝天门等一批重大空间项目就是新加坡淡马锡、裕廊工业等国资国企的杰作。

表1　我国四大一线城市GDP与GDP增速对比

年份	北京		上海		广州		深圳	
	GDP/万亿元	增速	GDP/万亿元	增速	GDP/万亿元	增速	GDP/万亿元	增速
2011	1.66	8.1%	1.92	8.2%	1.24	11.3%	1.15	10.0%
2012	1.84	7.7%	2.02	7.5%	1.36	10.5%	1.30	10.0%
2013	2.03	7.7%	2.18	7.7%	1.55	11.6%	1.46	10.5%
2014	2.19	7.3%	2.36	7.0%	1.67	8.6%	1.60	8.8%
2015	2.37	6.9%	2.51	6.9%	1.81	8.4%	1.75	8.9%
2016	2.57	6.7%	2.75	6.8%	1.94	8.2%	1.95	9.0%
2017	2.80	6.7%	3.01	6.9%	2.15	7.0%	2.24	8.8%

（二）摆脱快速成长的烦恼。深圳经济发展取得巨大成就，经济增速位于全国前列。但在快速成长过程中，一方面是民生领域和公共服务各项供给增速却未能匹配经济增速，与全国经济总量第三的城市地位不相适应；另一方面，考虑中美贸易摩擦等复杂多变的国际形势对高度开放的深圳经济所造成的巨大影响，深圳经济持续快速增长将会面临严峻的失速风险，如果放任不管必将导致信用信心循环收缩，社会矛盾急剧激化。因此，客观上需要深圳国资国企加大对民生领域和公共服务领域的投资力度，对遭遇了流动性困难和债务危机的民营企业纾困救助，防止恐慌性情绪蔓延，这有其本身的合理性。但需要注意的是，所有的这些领域都不应该被国资国企垄断，要继续探索以特许经营、管网分离等方式引入非国有资本和竞争机制；国资国企对民营企业纾困救助要坚持稳定市场预期，维护市场机制，不能用国企经营机制取代民营企业经营机制，不要让“会哭的孩子有奶吃”类型的企业恶意套取资源。

（三）跳出成本优势的陷阱。在过去30多年的发展中，深圳正是依靠我国劳动力、土地等资源成本优势，以加工贸易方式融入全球产业链，再依靠工程师、设计师和研发人员等成本优势发展以市场应用为导向的高新技术产业。然而，随着国内人口红利逐渐消失，深圳劳动力成本日益上升，土地、能源等国内要素价格甚至已堪比国际发达城市，深圳主流发展思维仍停留在成本优势的历史功劳簿上。为降低用地成本，政府区分不同用地属性以不同价格、不同方式授予不同企业；为降低人才成本，政府血拼人才计划与补贴，刻意迎合政府导向的假创新、假人才、假项目等乱象兴起，“活力企业拿不到信贷资金，低效企业退不出市场竞争”“房地产开发商必须讲产业故事才能获得土地资源，实体产业集团必须干房地产业才能维系正常利润”等控制型经济“按下葫芦浮起瓢”，弊端日益浮现。深圳应按照党的十九大报告要求扎扎实实推进要素市场建设，逐步退出相关的政府干预政策和措施，让要素价格能够反映市场供求及其创造价值变化。在此阶段，国资国企更重要的是服务城市从成本优势向创新优势升级，即像经济特区建设之初服务外向型经济发展需求而内联外引产业资源一样，应从构建全球创新网络核心节点的角度，引进导入高端科研资源、国际合作项目，加快从产业链优势跃升到创新链优势。

（四）打破科技主义的局限。当前深圳正向高新技术产业战略转型，这也推动了城市发展突飞猛进。过度强调人类经济社会发展科技创新作用的“科技主义”在深圳各界特别具有市场。然而，“高科技”创新需要更长时间的孕育和孵化，需要“非高科技”的技术储备、产业配套和盈余补亏。如果光进行“高科技”创新创业，而不将其放入包含“零科技”“低科技”和“中科技”在内的广泛范围创业型经济中，那就如同追求没有金字塔基的塔尖一样。不管是熊彼特，还是德鲁克，大师们所说的创新均是一种系统性、广泛性的创新；我们观察到的西方发达国家高科技创新的先进与活跃，正是这种系统性、广泛性、多元融合创新的一种结果，而非原因。我们需要深刻认识到这一点，深圳未来想真正成为英国《经济学人》杂志所说的世界城市“创新皇冠上的明珠”，必须突破科技主义的历史局限，营造一个支持人人实现梦想的环境。在中美贸易摩擦等时代格局下，深圳下一步发展更应抛弃赶快买点设备、抢点人才的“机会主义”；国资国企空间载体和人才载体应是一种更加广泛服务产业生态发展的载体，是一种更加灵敏反映市场需求变化的载体；国资国企投资引导不仅仅是技术的产业化和市场化，更重要的是如何更好服务人文与科技综合创新。只有这样我们才会有基础研发和原创技术，否则将永远跟在别人后边。

（五）走出边缘革命时代。制度改革的核心问题是利益关系的调整，改革往往在旧体制既得利益最薄弱的边缘环节取得突破。起初是一个小渔村的深圳，正是科斯所说中国边缘革命的最佳试验场所，存在较小的实施改革的既得利益阻力，能够快速接轨香港成熟市场经济的体制机制，引进市场导向的利益主体，同时可较好地控制改革创新失利风险。然而，深圳当今已经发展成为国内城市GDP排名第三、每年贡献财税7000亿元的特大城市，深圳未来的发展必然不能再依靠原来中央支持下边缘革命式的改革探索，需要更加全面、更有策略地谋划改革发展。具体到国资国企改革就是要开展综合性、系统性改革，摆脱碎片化改革“改不动”“花架子”等系列问题，例如：公司市场化选人用人机制改革没有薪酬激励机制改革配合，市场上就招聘不到合适的人才，相应的改革只能成为华而不实的花架子；而仅仅是市场化选人用人和薪酬激励的体制改革，没有市场化契约、权责利对等的公司治理改革相呼应，则非常容易把改革异化为“就是涨工资”的闹剧。

当代政治经济学家赫希曼（Albert O. Hirschman）研究指出，一个组织或地区衰落的主要原因在于失去成员的“忠诚”，即如果成员“退出”了组织或地区，那么组织或地区必然衰落。如果要防止组织或地区的衰落，就要维持成员对组织或地区的“忠诚”，首先容许成员发出“声音”批评组织或地区的不足，其次对成员的“声音”要作出反应，第三要改进对成员的服务。从这个意义上看，深圳未来高质量创新发展以及国资国企的深化改革均需要倾听社会各界声音，尤其包括各种批评的声音，均须以“有则改之无则加勉”的态度对这些声音作出反应，不断改进和优化对深圳市民和企业的服务，保持先进性并将先进性转化为经济持续发展的动力和社会和谐稳定的保障。同时，我们应谨防出现鲁迅先生早已批判过的“阿Q式革命”认识和思想，自由主义很好但也不是无瑕，国资国企有很多问题但也不是没有贡献，即便打心底对国资国企发展并不赞成，但也应给予一定宽容。改革者不易，决策者不易，否则就没有了伯南克《行动的勇气》。“让子弹飞一会儿”，深圳不仅创造了历史，而且还在创造历史！

后 记

2024年7月的一天，当我在深圳市社会科学院开完会正要离开时，该院贾珊珊老师找到我，希望我能在深圳市民文化大讲堂作一次个人演讲，说是题目和内容可由我先自拟。而后，我结合自己的研究积累和课题经验，拟了两个题目“何以成就深圳”和“理解和支持深圳国资国企改革发展”。最终他们议定了“何以成就深圳”这个题目，并把演讲时间确定为深圳经济特区生日8月26日的前一天，即2024年8月25日。

记得那天演讲开始时，主持人上来就问：“您觉得深圳的崛起是偶然还是必然？”这个问题在事先给我的录制策划问题清单中并没有列及，我也没有事先作充分的准备，但我的第一感觉是，这是一个非常好的问题，也知道人们可能对此有很多完全相反的看法，值得讨论。我来不及多想，就凭着感觉谈了点个人看法，“很多人都认为深圳的崛起有它的不可复制性，他们认为的深圳成功是偶然。当时的时代背景、领导者的决策以及当时所处的发展阶段，都是造就深圳发展起来的原因。但如果我们一层一层解码的话，就会发现，深圳的成功并不是偶然，它有着必然性。深圳经济特区的先行先试是有着巨大的示范带动效应的”。虽然我的主题就是阐释深圳创造奇迹的缘由，但以上的这个回答还是使我在当天接下来的演讲中增加了更多试图说明深圳成功经验普适性的论述。

时年11月28日，广东教育出版社副总编辑卞晓琰来访，说是看到了我在深圳市民文化大讲堂的演讲，希望能把相关内容拓展完善并形成一本普适性的主题读物。我欣然应允，并在她的建议下把书名暂定为《深圳逻辑》。

在和广东教育出版社编辑老师讨论时，我恍然有所悟，“深圳逻辑”不就是我这一段时间以来，一直心心念念并反复琢磨“深圳的崛起是必然还是偶然”这一问题的最好答案吗？深圳崛起的时代特征、人物特点、发展阶段等特殊历史条件确实难以复制，甚至不可复制，但改革逻辑、开放逻辑、干事创业的逻辑等底层逻辑却是普适的、可借鉴的，是它带来了深圳崛起的必然性，也能对其他城市的学习借鉴具有真正的现实意义。特别是当前不仅其他城市和地区对深圳发展的经验存在一定的误读，更严重的是深圳也有一些领导对深圳成功的历史与原因不甚了解。对于前者，知其然不知其所以然地盲目照抄照搬别人的做法，往往沦为“刻舟求剑”“邯郸学步”“东施效颦”之类的历史笑话；对于后者，孔子说“不知史，绝其智”，那些做表面文章、无所作为或胡乱蛮干、强行而为的举动无疑会对深圳长期传承的“城市基因”造成极大破坏。

对此，我结合深圳市民文化大讲堂那次演讲，把平时做课题研究的一些心得与想法整理成文。想想，我在深圳做智库研究二十多年了，在大量接触政府决策部门的同时，也调研过众多微观市场主体；也许这对我从政府和市场中间的视角去探讨深圳崛起的底层逻辑有些裨益，我希望本书能够给广大读者带来一个观察深圳的不一样视角。唯有不一样的深度思考，不一样的务实行动，不一样的精彩人生，方可构成繁花似锦的大千世界。事实上，我们每个人都是奇迹的创造者。

2024年我在深圳市民文化大讲堂作个人演讲，回答“对刚到深圳的年轻人有什么建议”问题时，曾说了三句话：“深圳这个城市让你们真正地相信自己，因为它的环境和氛围就是让你通过努力就一定会有产出。”“深圳本身就是一部高度浓缩的发展史，你们来到了深圳，哪怕你只待一段时间，也可以积攒下来足够你去吹牛一辈子的资本。”“由于你们来的是这样一个城市，大胆地往前走，一定会将你们不同的精彩展现出来。”

将对年轻人说的话引用到本书结尾，仿佛有些太自恃老成、好为人师了。但在这里我要澄清，没有任何教导别人的意思，这话也是我说给自己的。我出生、读书以及工作生活过的国内城市有三个——石家庄、天津、深圳，加上借助课题调研、会议论坛、亲友探访等机会到过的城市也得有数十个了吧，深圳是我最喜欢的城市，没有之一。因此，我写作本书的文字免不了会有溢美之词，言过其实，或有“爱之深，责之切”的情感表达。本书或有疏漏、不足和错误之处，还望大家批评指正。

最后，我向创造深圳奇迹的决策者、开拓者以及所有在这里奋斗拼搏的建设者们致以最崇高的敬意！向广东教育出版社的各位老师们，向长期鼓励、支持我做智库研究的领导们、同事们、朋友们，致以最诚挚的谢意！